JE REVIENS !

vous êtes devenus (trop) cons

ina

Ce livre a été conçu en partenariat avec l'Ina. Entreprise publique audiovisuelle et numérique, l'Ina collecte, sauvegarde et rend accessible le patrimoine audiovisuel français. Dans une démarche d'innovation tournée vers les usages, l'Ina valorise ses contenus et les partage avec le plus grand nombre.

PARIS PREMIÈRE

Les éditeurs remercient Paris Première pour sa contribution à ce livre.

ISBN 978-2-02-131893-7

www.seuil.com

JE REVIENS !

vous êtes devenus (trop) cons

Textes présentés par

Fabrice Gardel

SEUIL / CHERCHE MIDI

À Christine, à qui je dois tant…
Et ce n'est qu'un début.

«La plus perdue de toutes les journées est celle où l'on n'a pas ri.»

Nicolas de Chamfort

INTRODUCTION

Jean Yanne nous manque. Comme Coluche, Desproges, Gainsbourg, Chabrol… Ces mauvais esprits, ces sales caractères ont laissé un vide. Grossiers souvent, vulgaires jamais. Yanne nous parle d'un temps où l'on clopait sur les plateaux de télé. Où Brassens bouffait du curé tout en regrettant la messe en latin. Où Daniel Prévost se chauffait au poêle de Montcuq. Où Jean-Pierre Rassam et Jean Yanne produisaient *La Grande Bouffe* sans même en avoir lu le scénario. Où Pialat conchiait le cinéma français. Où TF1 diffusait *Droit de réponse*. Où Depardieu venait sur un plateau de télé sans vendre ni livre ni montre… Il y a quarante ans. Il y a une éternité.

Yanne a un jour confié à son frère d'âme, le génial producteur de radio Gérard Sire : « Ce que je veux, c'est faire souffler un air de liberté, pas de révolte. » En explorant les formidables archives (en grande partie inédites) de l'Institut national de l'audiovisuel, c'est cette liberté de ton qui nous frappe. Jean Yanne, Jacques Martin, Daniel Prévost osent tout. « Les gens intelligents, c'est sans doute à cela qu'on les reconnaît » (Audiard avait oublié la deuxième partie de sa phrase). Les institutions leur font horreur : l'armée, le gouvernement, l'Église. « Nous aurons passé notre vie à repousser les limites », dira Yanne. Il n'y a pas pour eux de « ligne rouge ». Mais à l'époque, le comité de la censure mis en place par de Gaulle veille. Alain Peyrefitte va interdire au bout de quelques numéros l'émission loufoque, géniale de Yanne et Martin *1 = 3*. Pourtant, si la censure est souvent présente, l'autocensure jamais. Les deux zigues en direct sont incontrôlables. Un film sur les bordels dans lequel joue Yanne est tellement « caviardé » qu'il n'a plus ni queue ni tête. Yanne est traité en direct à la télévision « de type ignoble, de raclure » pour avoir osé écrire une chanson sur l'homosexualité dans l'Église. « Le monarque était perverti jusqu'au bout des talons/Et tous les jours dans des orgies fines d'un étalon/Tout comme ceux qu'on éduque chez les jésuites en carême/Il préférait les eunuques aux filles de son harem.» Ses fausses pubs ne font pas rire tout le monde. «Encore Nette, En'cornette: le déodorant qui prouve que les bonnes sœurs sont aussi des femmes...» Yanne et ses potes seront régulièrement virés. Débarqués des radios privées comme publiques, de la TV. Ils ne cherchent jamais «à occuper les places», ils ne «cumulent» pas. Là encore les temps ont changé. Yanne ne fera jamais de pubs pour les lunettes ou les assurances pour payer ses impôts. C'est un peu passé de mode, mais il mettait ses actes en conformité avec ses idées.

On a beaucoup traité Jean Yanne d'anar de droite. Ce n'est pas si simple. Fils d'artisan, enfant aimé, il n'a de comptes à régler avec personne. Il est juste né avec ce talent de saisir, mieux que quiconque, les bassesses, la connerie de ses contemporains. Il dénoncera la corruption, l'immobilisme des syndicats à une époque où la CGT fait trembler. Mais, avec le même plaisir, il labourera, avec Chabrol, la bêtise abyssale d'une certaine bourgeoisie.

Ce qui frappe avec le recul, c'est sa lucidité. Il n'a bien sûr pas la puissance intellectuelle d'un Sartre, d'un Malraux, d'un Aragon. Mais il observe le réel. Il regarde les gens comme ils sont. Le gaullisme, le productivisme, le maoïsme... bien seul face au délire du *Petit Livre rouge*. Sur les dérives de la publicité, du marketing, il voit très vite la folie consumériste se dessiner. Sur l'apocalypse annoncée d'une civilisation de la bagnole, il anticipe déjà la destruction de la planète. Ils étaient bien peu il y a quarante ans.

Avec Jean-Christophe Averty et Jacques Martin, ils inventent une télévision à la fois populaire et brillante. Les génériques de leurs émissions sont dignes des plus beaux films surréalistes. Bien avant 68, il fait l'éloge de la liberté sexuelle. Une théorie qu'il met largement en pratique... N'oublions pas que c'est Yanne qui a inventé, avant Mai 68, le slogan: «Il est interdit d'interdire.»

Cette lucidité et cette liberté d'esprit résonnent drôlement aujourd'hui. Pas question de jouer les vieux cons. Non, ce n'était pas mieux avant. Cette France des années 60 est en grande partie rassie, corsetée. Beaucoup de ses sketchs ont vieilli. Mais cette farouche volonté d'assumer sa différence, ce refus de plaire au plus grand nombre (Yanne a été l'un des hommes les plus détestés de France) ne vieillissent pas. «Ce que l'on te reproche, cultive-le, c'est toi», écrit Cocteau.

Loin de nous l'idée de faire de Yanne un saint ou une icône. Il était aussi (parfois) misogyne, raciste, égoïste (est-ce un défaut ?), aigri, violent. Il a eu du talent, pas de génie. Surdoué, il a touché à tout : cabaret, chanson, cinéma... sans vraiment construire une œuvre. Il n'est, *in fine*, ni un Brassens, ni un Fellini, ni même un Chabrol ou un Depardieu. Il aura juste, toute sa vie, refusé de s'installer. Il rigolera toujours de l'Académie française, du festival de Cannes, de la Bourse... Il sait d'instinct que les honneurs déshonorent. Il ne s'attaque jamais aux faibles, ou alors en a des remords. En cela, il ne sera jamais un bourgeois. Dans une très belle lettre à Sartre, un an avant sa mort, alors que le philosophe est aveugle, Françoise Sagan écrit : «les gens vraiment intelligents sont gentils». Derrière l'ours mal léché, le macho velu (il ne s'aimait pas, se trouvait laid), Yanne était un tendre. Un grand pudique. Il n'aurait sans doute pas aimé notre époque du «tout-à-l'ego». Il a gagné beaucoup d'argent, qu'il a dilapidé pour ses plaisirs et pour ses amis. Il a, comme Sagan, fini ruiné par générosité. L'argent n'était pas pour lui une valeur. Là encore, les temps ont changé.

Il a été un admirable comédien. Sans se prendre une minute au sérieux. «Un comédien est un perroquet qui ne pense pas. Fermez le ban», lance-t-il un jour à Claude Chabrol. Quand aujourd'hui la moindre actrice, ayant son quart d'heure de célébrité, lèche en public ses plaies la larme à l'œil.

Plonger dans ses textes, ses sketchs, c'est respirer un peu d'air frais. Jean Yanne ne s'aimait pas assez pour les conserver, les archiver. Nous les avons retrouvés dans les archives étonnantes de l'INA. Des petits cailloux blancs qui font du bien aujourd'hui.

Fabrice Gardel

PARTIE I

Moyen moyen les français

QUI AIME BIEN CHÂTIE BIEN

Yanne est un Français moyen. Un père artisan, une mère couturière. Né aux Lilas. Il reviendra toute sa vie voir ses parents dans cette banlieue modeste de la région parisienne. Roulant sur l'or ou ruiné, il restera fidèle à cette famille aimante. C'est aux Lilas qu'il est enterré à leurs côtés. Son humour acide ne trouve pas ses racines dans une faille familiale. Dans le fond, c'est un tendre, un gentil. Très jeune, il se fait les griffes sur eux, sans les blesser: «J'ai eu une enfance du Français parfaitement classique. C'est la prise de conscience, dès l'enfance, de vivre dans un univers de fou. Le danger est permanent.» Yanne, né en 1933, grandit dans cette France hantée par la boucherie de 14, la déroute de 40, la honte de Vichy. Il restera marqué toute sa vie par la Collaboration. «Cette belle époque où les Français entassaient les boîtes de sardines.» Yanne va jouer toute sa vie les Français moyens. Il trouve qu'il en a le physique, un physique un peu «ni-ni», dit-il. Jean Yanne aime être le porte-parole de ces Français à qui l'on ne tend que trop rarement le micro: «Je pense être l'exutoire d'un certain nombre de gens. Je suis utile à ceux qui n'ont pas la parole.» À l'époque, le quidam est rarement invité à donner son sentiment.

Bien sûr, chez lui la tendresse ne va pas sans cruauté: il fustigera ce peuple «de veaux». La majorité est veule, moutonnière. Yanne, comme tous les grands humoristes, a sans doute un don: il voit mieux nos bassesses, nos comportements ridicules. Elles lui «sautent aux yeux». Il y a du Flaubert chez lui.

Ce n'est pas un hasard si Chabrol lui a fait jouer, à la fin de sa vie, M. Homais, le pharmacien incarnant la bêtise dans Madame Bovary. Car la bêtise est la chose la mieux partagée au monde: par le bourgeois et l'ouvrier, le fonctionnaire et l'artisan. Yanne n'est jamais idéologique, il ne penche ni pour les riches ni pour les pauvres. Le Français moyen s'emmerde, le Français moyen boit, le Français moyen est une «lavette rampante» prête à tout pour faire carrière. La conscience sociale dans ses sketchs est omniprésente. On y retrouve des juges, des fils à papa, des syndicalistes, des patrons, des flics… Et il n'y en a pas un pour rattraper l'autre: «Eux, y'en à tous vouloir des sous!» Ils deviennent sous sa plume des personnages souvent pathétiques, toujours drôles. Jean Yanne ne cherche pas à blesser. Son rire n'est pas poujadiste: il attaque la bêtise, jamais les faibles.

Antoine Duval, le «Français moyen» type.
Il «fait tout ce que la télé lui dit de faire, il a deux enfants, habite un 3-pièces...»

LA FRANCE, ELLE, NE MENT PAS !

« Et je m'emmerde... »

1964, Jean Yanne anime au côté de Jacques Martin une émission de sketchs et de parodies avec un ton résolument moderne qui surprend encore aujourd'hui. Cette émission, au nom absurde bien sûr, 1 = 3, deviendra mythique. Le générique est signé Jean-Christophe Averty et les deux compères tournent en dérision tout ce qui semble inattaquable dans la société française. Dans ce sketch, Jean Yanne raille donc le spectateur, le consommateur moyen, qui est justement devant son écran. Cadrage serré sur un homme maussade assis dans sa cuisine. Les détails, en arrière-plan, nous laissent penser qu'elle est équipée de tout le confort moderne. Cet homme terne se présente avec une voix monotone. On comprend petit à petit que cet homme d'apparence austère se plie docilement aux injonctions de la publicité... Nous sommes en 1964, et Jean Yanne entame sa longue critique de l'emprise de la publicité sur nos esprits.

« Je m'appelle Antoine Duval, je suis un Français moyen. J'ai 40 ans, je mesure 1 m 70, je pèse 80 kg, je suis fonctionnaire, je suis marié, j'ai deux enfants. J'habite un appartement de 3 pièces que j'ai obtenu grâce au Crédit foncier. J'ai souscrit une police d'assurance vie. Je possède la télévision équipée deuxième chaîne. J'ai un compteur bleu et tous mes meubles portent l'estampille NF. Je n'aime que la cuisine au beurre, je mange du pain d'épices. Quand je fais cuire des nouilles à la semoule au blé dur, je les égoutte souvent. Je bois de la chicorée. Je fais régulièrement la cure orange. Je bois du jus de raisin, je bois du jus de pommes, je fais la pause café, je mange du fromage en portions.

Je fais tout ce que la télévision me conseille de faire...

Comme tout le monde…

Jean Yanne, homme pudique, n'est pas un « écorché familial ». Il grandit entouré d'amour et restera toujours attaché à ses parents, à ses origines bretonnes. Bref, sa famille est une famille française lambda. Aussi dysfonctionnelle, donc, que toutes les familles. S'il parle très peu, très rarement de sa famille, Jean Yanne, ce jour-là, sur le plateau de Cinescope, émission de la RTBF, raconte.

« J'ai eu comme tout le monde un grand-père assassiné par un fou pendant la guerre de 14, un autre qui a été interné parce qu'il avait la phobie du cheval et qu'il était à l'école de Saumur, ce qui était parfaitement incompatible. Une grand-mère reniée par sa famille parce que, à l'époque, on n'aimait pas les bolcheviks et qu'elle travaillait aux Entremets Franco-russe. J'ai eu une enfance de Français parfaitement classique, ça vous oblige à être lucide. C'est la prise de conscience, dès l'enfance, de vivre dans un univers de fou. Le danger est permanent. »

Une famille française dans les années 50. Jean Yanne, d'origine bretonne, est l'incarnation du « Français moyen ». Son ADN est profondément gaulois.

Jean Yanne enfant de chœur a rêvé d'être un curé, tout en avouant glisser dans son missel des photos de pin up.

Jean Yanne et son père Dédé
chez eux en Bretagne, une famille
aimante et sans affrontements.

Jean Yanne enfant
regarde déjà
le monde en face,
sans illusions.

Jean Yanne n'a jamais fantasmé sur la famille, ni sur le mariage.
Pourtant la sienne n'a jamais été un nœud de vipères.

Diffusée au début des années 70, l'émission Un rire par jour *propose des portraits d'humoristes. Raymond Devos, Louis de Funès, Sophie Desmarets et Jean Yanne sont interviewés. Yanne ne ménage pas son public.*

«Les Français, tant qu'on ne rentre pas dans leur petite zone de confort à eux, ils sont contents. Par exemple, quand on se moque des Juifs, les Français sont ravis. Quand on se moque des Noirs, les Français sont ravis. Et on dit: "Vous avez raison, allez-y, tapez dessus." Et puis un jour, on tape sur les cordonniers. Alors on tombe sur un cordonnier qui se met à hurler en disant: "Et de quel droit? Les cordonniers ont donné autant de morts que les autres à la guerre de 14!" Vous savez, les Français, de toute façon, quoi qu'il arrive, quoi qu'on fasse, quand on se moque d'eux, ils évoquent la guerre de 14. Je voudrais pas évidemment déplaire à ceux qui l'ont faite. Mais c'est comme quand Alphonse Allais disait qu'on rencontrerait de moins en moins de gens ayant connu Napoléon Ier. Des gens qui ont fait la guerre de 14, il y en a de moins en moins.»

RTF
3

Collabos un jour, collabos...

Dans son film Les Chinois à Paris, *Jean Yanne imagine une occupation de la capitale par l'armée chinoise. Des milliers de figurants sont mobilisés. Un drapeau géant de Mao est apposé sur les Galeries Lafayette. À l'heure où Mao fascine encore une partie des intellectuels français, où le PC est encore puissant, le film fait scandale. Mais Yanne ne se paye pas uniquement les maos. En filigrane, c'est une histoire bien française qu'il va gratter. Le film aurait pu s'appeler* Les Allemands à Paris.

« Ce qui m'intéresse dans cette histoire, ce ne sont pas tellement les Chinois, c'est plutôt les Français par rapport à une occupation quelle qu'elle soit. Je voulais une occupation un peu nouvelle, car c'est exactement les mêmes réactions que pendant toutes les occupations. C'est-à-dire qu'il y a des gens qui étaient pour avant qui restent pour, y a des gens qui deviennent pour pendant, y a des gens qui étaient contre avant, des gens qui deviennent contre pendant et après... Et puis y en a d'autres qui ne songent qu'à emmagasiner des sardines, du sucre ou du riz. »

Jean Yanne est reçu au journal de France Inter au moment du procès Papon.

« Je crois que les humoristes doivent prendre le relais des officiels grands de ce monde, cette histoire Papon semble être une plaisanterie des grands de ce monde et des puissants de ce pays. Quand ils font des conneries, c'est à nous de les dénoncer, les humoristes ont ce rôle. Dans cette affaire Papon, tout est indécent, tout est ridicule. C'est indécent d'avoir fait un procès à un bonhomme cinquante ans après les faits qui lui sont reprochés. C'est indécent qu'il ait pu être préfet de police à Paris, qu'il ait pu emmerder le monde sans que personne ne bouge. »

Dans ses sketchs comme dans ses films, Jean Yanne va passer au scalpel le monde du travail, la vanité des petits chefs, les hiérarchies vénales.

TRAVAIL : L'ARNAQUE

« Est-ce que le succès et l'argent ont changé ma façon de vivre ? Ah ben oui, bien sûr que ça a tout changé, j'en fais beaucoup moins qu'avant. »

***Jean Yanne dans l'émission de Philippe Bouvard* Bienvenue chez Maxim's.**

Salariés huileux, secrétaire potiche, la vie de bureau entre Feydeau et *Un éléphant, ça trompe énormément.*

Se lever tôt pour gagner moins

Comment s'humilier pour réussir ? Voici une étude comparée de deux salariés du même âge occupant le même poste : l'un a réussi, l'autre pas. Pourquoi cette différence ? Parce que le premier (alias Jean Yanne) est un « mauvais salarié » : il arrive à l'heure et travaille bien, tandis que le second M. Durieux (alias Jacques Martin) sait être rampant et obséquieux devant son patron. Et c'est ainsi que Durieux fait carrière...

LE PRÉSENTATEUR. – **Regardez ces deux hommes, regardez-les bien. Ils ont le même âge, ils travaillent dans la même usine et ils occupent le même poste. Et pourtant, il y a une différence entre les deux. Celui-ci a réussi. L'autre, non ! Celui-là ne possède rien en propre, sinon des soucis. L'autre occupe un 8-pièces, avec sa famille, dans un quartier résidentiel, domestiques, voiture de maître, villa sur la Côte d'Azur et chalet à la montagne. Pourquoi cette différence ? Parce que celui-ci sait s'humilier devant ses patrons. Vous aussi, vous pouvez améliorer votre situation. Élever votre salaire, et pour cela vous devez vous humilier. Nous allons vous apprendre à vous humilier. Voici quelques exemples. Observons d'abord le mauvais employé lorsqu'il croise son patron dans le couloir de l'usine.**

LE MAUVAIS EMPLOYÉ (*Jean Yanne saluant simplement son patron en le regardant à peine*). – **Monsieur.**

LE PRÉSENTATEUR. – **Non, non, c'est très mauvais ça, mon vieux, très mauvais. Recommencez. Voici comment il faut s'y prendre.**

LE BON EMPLOYÉ (*Jacques Martin en se baissant pour ramasser quelque chose*). – **Monsieur le Président directeur général. Oh pardon.**

LE PDG. – **Mais qu'est-ce qu'il vous prend ?**

LE BON EMPLOYÉ. – **Oh rien, Monsieur le Président directeur général, seulement j'ai vu par terre une épingle, je me suis permis de la ramasser. J'espère que vous ne m'en voulez pas, Monsieur le Président directeur général, de m'intéresser à un bien qui, au fond, ne m'appartient pas totalement.**

LE PDG. – **Mais pas du tout, pas du tout, c'est très bien ça, très bien... Comment vous appelez-vous ?**

LE BON EMPLOYÉ (*en faisant des courbettes*). – **Durieux, Monsieur le Président directeur général, Durieux. Vous ne m'en voulez pas ?**

LE PDG. – **Mais pas du tout, d'autant plus que, moi-même, j'ai débuté dans la vie en ramassant une épingle. C'était une épingle de cravate en or avec un gros brillant au bout. C'était mon père qui l'avait fait tomber sur le tapis du salon. Eh bien, je n'ai pas marché dessus. Je l'ai ramassée et je l'ai vendue. Ma première affaire ! C'est** très bien. Comment vous appelez-vous déjà ?

LE BON EMPLOYÉ. – Durieux, Monsieur le Président directeur général, Durieux. Avec un X, Monsieur le Président directeur général. Au revoir, Monsieur le Président directeur général.

LE PDG. – Au revoir, Durieux (*en lui tendant la main*).

LE BON EMPLOYÉ. – Oh, Monsieur le Président directeur général.

LE PDG. – C'est très bien, très bien.

LE PRÉSENTATEUR. – Observons le mauvais employé maintenant : il arrive à l'heure et pendant les heures de service, il s'active, s'énerve, s'évertue en vain. Par contre, le bon employé, lui, pendant les heures du bureau, dessine, fait des boulettes, s'occupe de l'élevage de hannetons qu'il a aménagé dans son tiroir. Seulement, le soir venu, quand les autres sont partis, il reste. Il reste, en ayant soin de bien laisser toutes les lumières allumées. Car, tout à l'heure, quand le directeur passera dans le couloir, il sera attiré par la lumière. Un directeur, ça éteint toujours l'électricité, c'est à cela qu'on reconnaît les grands économistes. Voici les pas du directeur dans le couloir. D'abord, pour éveiller son attention, le bon employé tousse. Le directeur va venir, ah le voilà.

LE PDG. – Vous êtes encore là, Durieux ?

LE BON EMPLOYÉ. – Je vous demande pardon, Monsieur le Président directeur général, je finissais juste un dossier.

LE PDG. – Mais votre famille risque de s'inquiéter, Durieux ?

LE BON EMPLOYÉ. – Oh, je vous demande pardon, Monsieur le Président directeur général, ma femme et mes enfants savent bien que je n'ai qu'un foyer. Et ce foyer, c'est l'usine.

LE PDG. – Du travail en retard, Durieux ?

LE BON EMPLOYÉ. – Oh non non, Monsieur le Directeur, seulement le jeune Polange a été malade, n'est-ce pas, alors je l'aide un peu. Et comme il n'est pas très au courant.

LE PDG. – Mais on va vous payer ça, Durieux.

LE BON EMPLOYÉ. – Oh, il n'en est pas question ! Monsieur le Président directeur général, vous voulez me vexer. D'ailleurs j'avais fini, j'allais rentrer chez moi, en emmenant seulement quelques petits dossiers, pour les lire avant de me coucher. Mes hommages, Monsieur le Président directeur général.

LE PDG. – Bonsoir, Durieux.

LE PRÉSENTATEUR. – Très bien, c'est exactement ce qu'il faut faire. Vous aussi soyez à plat ventre dès que vous le pouvez. Autre exemple : le mauvais employé apporte un

Air goguenard et béret vissé sur la tête, son ami Paul Mercey à ses côtés, Jean Yanne incarne à merveille le prolo français. Ce «pauvre Blanc» qui ne comprend pas le monde qui change.

dossier au PDG. Il dit à peine bonjour, et comme la photo de famille le gêne, il l'écarte. Mauvais ça, très mauvais, regardons plutôt l'autre.

LE BON EMPLOYÉ. – Bonjour, Monsieur le Président directeur général.

LE PDG. – Bonjour, Durieux.

LE BON EMPLOYÉ. – Oh, comme le Président directeur général a bonne mine ce matin. Ce sont vos enfants, Monsieur le Président directeur général ?

LE PDG. – Oui, Dominique et Marie-Noëlle.

LE BON EMPLOYÉ. – Oh, comme ils sont beaux, comme ils sont adorables ces deux petits chérubins ! Et comme ils vous ressemblent, Monsieur le Président directeur général ! Ce visage altier, cet air noble. Vous devriez nous les amener un jeudi à l'usine. Ça ferait tellement plaisir à tout le personnel !

LE PDG. – Vous croyez ?

LE BON EMPLOYÉ. – Mais oui ! Vous permettez ? (*Il embrasse le cadre avec la photo des enfants.*) J'adore les enfants, Monsieur le Président directeur général.

LE PDG. – Au travail, mon brave Durieux.

LE BON EMPLOYÉ. – Oui, Monsieur le Président directeur général.

LE PRÉSENTATEUR. – Durieux a raison. Croyez-moi, il ne restera plus longtemps sous-chef de bureau. Qu'est-ce que je vous disais ? Le voilà déjà directeur adjoint, et qui sait, peut-être un jour directeur général. Et l'autre ? L'autre justement le voici.

LE MAUVAIS EMPLOYÉ. – Ah, Monsieur le Directeur, je m'excuse, je vous prie de bien vouloir m'excuser. Je voudrais reprendre le dossier que je vous ai remis ce matin. Oh, ce sont vos enfants ?

LE BON EMPLOYÉ DÉSORMAIS DEVENU PDG. – Oui, Arnaud et Jean-Christophe.

LE MAUVAIS EMPLOYÉ. – Ils sont charmants. Vous devriez nous les amener un jeudi.

LE BON EMPLOYÉ DEVENU PDG. – Vous croyez ?

**“VOUS AVEZ COMPRIS.
POUR RÉUSSIR,
POUR VOUS ÉLEVER,
SUIVEZ NOTRE CONSEIL :
HUMILIEZ-VOUS !”**

Écoutez la prière du pauvre blanc

Le drame de l'ouvrier français exploité est-il de n'avoir ni le swing ni le swag ? C'est un peu raciste sur les bords. Peut-on rire de tout, au trente-six millième degré ? Jean Yanne, avec son compère Gérard Sire, a écrit plus de 700 chansons. Écoutez le boogie boogie du Pauvre blanc, *Armstrong se fend la poire.*

Chanson *Le pauvre blanc*

– Seigneur !
Autrefois le blanc était heureux
Dans son usine
– Patron !
Le soir quand il rentrait dans son
deux-pièces-cuisine
Il chantait
Des chansons de Delmet

Ô Seigneur, notre Père
Tout-puissant

– Seigneur !
Écoutez la prière
Du pauvre blanc

Mais les Noirs sont venus
Avec leurs trompettes
Quand il les a entendus
Le blanc a perdu la tête
Comme à Jéricho
Les murs se sont écroulés
Et le blanc a constaté
Qu'il n'avait pas de tempo

– Ô Seigneur !
Comprenez la douleur
Qui lui meurtrit les côtes
Ce n'est pas de sa faute
Au pauvre blanc
Il ne peut chanter en mesure
Il a bien une tessiture
Mais n'a pas le jazz, le jazz dans la peau
Le pauvre blanc n'a pas de tempo
– Ô Seigneur !

Des usines de Billancourt
Écoutez donc battre le cœur
Les marteaux-pilons et les tours
Clament la peine et la douleur
Des pauvres blancs de chez Renault
Qui veulent chanter leurs malheurs
Mais hélas hélas hélas n'ont pas de tempo
– Ô Seigneur !

Prolos, aristos... Jean Yanne n'est pas plus fasciné, qu'impressionné par les classes sociales.
Il saisit chez nous tous, à l'instinct, nos ridicules.

LES SNOBS

***« Un bourgeois,
c'est quelqu'un qui pense bassement. »***

Flaubert.

Fils à papa

Le présentateur (Jean Yanne) s'avance avec déférence vers un jeune « fils à papa » (Jacques Martin) sortant d'une magnifique voiture de sport. Le fils à papa, plus snob tu meurs, s'amuse durant tout le sketch avec les clés de sa décapotable. Quand il s'ennuie à l'usine, il fait jouer une comédie musicale « aux ouvriers de papa ». C'est gonflé et c'est drôle !

LE PRÉSENTATEUR (*Jean Yanne*). – Albin de Morcilencourt, très heureux que vous ayez pu venir dans nos studios. Vous venez de vivre une expérience humaine tout à fait passionnante. Et je serais très heureux que vous puissiez nous en parler quelques instants.

ALBIN (*Jacques Martin avec un ton de fils de famille*). – Eh bien, c'est tout simple, je dois prendre la direction de l'usine de Père, mais avant de rentrer en fonction, Père a absolument tenu à ce que je fasse mes humanités. Pour cela j'ai été travailler pendant deux mois dans un vrai atelier, avec de vrais ouvriers, comme ceux que je commanderai plus tard.

LE PRÉSENTATEUR. – Alors, si je comprends bien, vous avez vécu au milieu des ouvriers. Vraiment parmi eux ?

ALBIN. – Absolument, j'ai vécu, j'ai mangé la même chose qu'eux. Je me suis habillé comme eux, enfin tout comme eux.

LE PRÉSENTATEUR. – Alors, une question qui intéressera tout le monde sans doute : est-ce que les ouvriers sont vraiment tels que nous les imaginons nous autres ?

ALBIN. – Mais pas du tout, pas du tout. Ce sont des gens absolument charmants. Ils travaillent moins pour leur salaire, mais bien plutôt pour la sympathie qu'ils ont pour leur patron.

LE PRÉSENTATEUR. – Oui, alors, je crois que vous avez ramené de cette expérience un certain nombre de documents. Je dois dire même un témoignage.

ALBIN. – Oui, un témoignage, ce n'est pas un roman. Vous savez, juste avant mon stage j'étais allé voir *West Side* dans un ciné des Champs. À travers *West Side*, j'avais compris les États-Unis, les « Stâtes ». Alors j'ai décidé d'expliquer le monde ouvrier français à travers une comédie musicale que j'ai écrite.

Le présentateur. – Alors, si je comprends, c'est très réaliste dans cette comédie musicale. Tout est vrai : les costumes, les décors, l'ambiance…

Albin. – Absolument.

Le présentateur. – Une vraie tranche de vie en quelque sorte.

Albin. – Absolument.

Le présentateur. – Bien nous allons voir un extrait de ce spectacle.

Suit une scène de cabaret : des ouvriers en salopettes scintillantes qui rient dans un décor d'usine. Le « fils à papa » chante à la façon de Luis Mariano, accompagné par les ouvriers qui dansent à côté.

Chanson

Trésor, terre des aciéries,
pays des poteries, tu m'as
donné le jour
Merveilleux Creusot, tu as tout
pour nous plaire, tes tas de
mâchefer et de charbon chaud
Merveilleux Creusot, j'adore ta
poussière, tes tas de mâchefer
et tes hauts fourneaux
Travaillez au Creusot/
À la chaleur des fonderies
C'est la vie qu'il me faut
Ô mon beau Creusot, je t'admire
Travaillez au Creusot/
À la chaleur des fonderies/
C'est la vie qu'il me faut/
Creuuuuusooot.

Dans l'émission de radio de Pierre Dac, Jean Yanne incarne le personnage de Frédéric Ringard. Un critique de cinéma aigri, absurde.

Trou du cul

En 1964, dans l'émission de radio quotidienne de Pierre Dac, Jean Yanne joue Frédéric Ringard, ce journaliste de cinéma grabataire, imposé par la direction de la chaîne, mais dont plus personne ne veut. Au fil des émissions, Jean Yanne donne chair à un personnage gâteux, râleur, délateur qui fait appel avec emphase aux grands principes de la morale pour satisfaire son petit confort. En filigrane, Jean Yanne dresse le portrait type des travers français qu'il exècre le plus : le type falot, veule, égoïste, revanchard. Liberté, égalité, banane.

« J'ai honte, je ne voudrais pas qu'on m'accuse de traiter un sujet scabreux, trop dans le mauvais goût. Une nouvelle inadmissible vient d'être annoncée. Le gouvernement veut standardiser les suppositoires. Vous savez qu'un suppositoire normal est composé d'un petit peu de remède et de beaucoup de beurre de cacao. Or les pharmaciens vendent plus cher les gros suppositoires que les petits et les pharmaciens ont tendance à grossir les suppositoires pour que ça leur rapporte plus. Alors, si l'on n'y prend garde, le suppositoire deviendra énorme

puis colossal puis gigantesque et les pharmacies se transformeront en Cap Canaveral. Alors le gouvernement va prendre les mesures qui s'imposent. Un arrêté réglementera la forme, le volume, des petits cônes de santé. Mais tout cela va entraîner des problèmes plus importants encore. Le Français a toujours été l'ennemi de la normalisation, il en est des suppositoires comme des huîtres. Certains les préfèrent longues et minces, les autres larges et ventrues. Comment l'homme de la rue réagira-t-il à la réforme des suppositoires ? Standardiser le suppositoire, c'est standardiser l'endroit. Alors, si on peut diriger politiquement un pays, on ne peut en rien modifier la nature humaine, et puis la France fait partie du Marché commun. Comment imposer un suppositoire standard à des peuples ethniquement différents, les Belges, les Italiens, les Luxembourgeois. Les pays de l'Union européenne ne nous suivront jamais sur le chemin des suppositoires. »

Frédéric Ringard

« Vous connaissez mon souci de faire triompher la rigueur dans toutes les sphères de la vie sociale, eh bien je m'élève aujourd'hui contre une injustice qui me soulève le cœur, je suis indigné et je ne craindrais pas de lancer à la face du monde les imprécations qui s'imposent. Alors le moment est venu de dénoncer l'injustice dont je parlais tout à l'heure. Il se passe une chose ignoble, scandaleuse, immorale et sordide... Je ne fais pas partie du Tout-Paris. »

Ridicule

Le petit monde parisien n'a pas changé. Les minuscules vanités ne vont pas sans snobisme vestimentaire. L'habit faisant le moine, Frédéric Ringard s'indigne pour des signes extérieurs d'appartenance.

« Aujourd'hui, je viens, sur le coup d'une indignation légitime, protester contre les agissements de certains. Et il ne s'agit pas d'une petite protestation pour la forme, d'une protestation ordinaire ou banale, il s'agit d'une protestation gigantesque, une colossale protestation qui doit frapper fort. Je proteste donc avec une énergie farouche, sans tenir compte de mes sentiments personnels et au nom de la justice, quelles que soient les pressions que l'on peut exercer sur moi. Cette protestation est une pétition que je signe moi seul et quoi que vous puissiez dire et faire... On ne met pas une cravate club avec un fil-à-fil niçois. »

Frédéric Ringard, ce critique amer, passe son temps à s'indigner. Contre «l'Europe métèque», mais surtout contre «ce Tout-Paris qui ne le reconnaît pas à sa juste valeur». Éternelle frustration de ces journalistes pique-assiette.

BOURGEOIS, YANNE ?

« J'ai des idées de gauche dans un confort de droite. »

***Yanne,* Radioscopie.**

Comme toutes les personnalités de l'époque, Jean Yanne va longuement se confier à Jacques Chancel lors d'une Radioscopie. *Pudique de nature, il va baisser le masque durant cette émission. Sans jouer les faux-culs, assumant parfaitement son goût de l'argent, du confort.*

« Quand j'ai froid, j'ai pas d'idées »

« Je ne me considère pas comme un bourgeois, mais je trouve qu'on n'a pas plus de talent ni plus d'idées quand on vit dans une mansarde et qu'on mange du pain sec, que quand on vit dans un appartement de 5 pièces bien chauffé. Il y a des gens très pauvres qui ont contribué à faire évoluer le théâtre, mais moi, quand j'ai froid, j'ai pas d'idées, quand j'ai pas de quoi manger, je n'ai pas d'idées. Quand j'ai des problèmes, j'ai du mal à écrire des sketchs et à être rigolo. La bourgeoisie, c'est pas avoir un piano à queue et un appartement de 4 ou 5 pièces, c'est pas avoir une maison à la campagne et une voiture confortable, la bourgeoisie, c'est dans l'idée, c'est un esprit. »

Jean Yanne et Jacques Martin vont bien, très bien parfois, gagner leur vie. Yanne se déplaçait en Porsche rouge, vivait dans de beaux appartements, invitait sans compter.

« Il faut vivre comme un bourgeois et penser en demi-Dieu. »

Flaubert.

« L'alcool non, mais... »

Yanne a brûlé la vie par les deux bouts. Alcool, femmes, grande bouffe... Les mots mêmes d'abstinence, de régime, de sport sont des gros mots pour Yanne et sa bande. Imaginez des Sire, des Chabrol, des Sautet à la gym et à l'eau minérale. On fume, on boit. En cela, ils incarnent une tradition rabelaisienne. Ce ne sera qu'après une attaque cardiaque que Yanne devra, par la force des choses, lever le pied...

« La Ligue anti-alcoolique est un véritable fléau. Je ne parle pas de l'alcoolisme, mais bien de la Ligue anti-alcoolique. Car la Ligue anti-alcoolique a commis un certain nombre d'erreurs, dont les plus frappantes sont qu'elle accuse les alcooliques. Or, il ne faut pas faire de ligue contre les alcooliques, mais pour les alcooliques. Car les alcooliques, si on les attaque tout le temps, en ont des complexes, ils boivent pour oublier et c'est une des grandes causes de l'alcoolisme en France. J'ai donc voulu apporter ma contribution à cette lutte contre l'alcoolisme, mais je l'ai fait d'une manière évidemment plus sociale, et je me suis inspiré d'un très bel ouvrage de Daniel Robs, qui a écrit un merveilleux livre qui s'intitule *La Rédemption par la sobriété*. Un livre qui m'a inspiré cette chanson que j'ai intitulée "L'alcool est un vilain défaut". »

HAIG

Dans les émissions
de télévision à l'époque,
ça boit, ça fume, ça déconne.
Ici, avec Claude Chabrol.

Jacques Martin comme
Jean Yanne, aussi à l'aise dans le
rôle de fils à papa que d'ouvrier.

Comme souvent au cabaret, Jean Yanne enchaîne au piano un sketch et une chanson sur le même thème. En l'occurrence, l'alcool. Sujet que Yanne connaît bien.

Costard blanc ou smoking, Jean Yanne a vécu dans de cossus appartements des Champs-Élysées, finissait ses nuits dans les boîtes de nuit. Et oubliait très souvent de payer ses impôts.

Chanson *Donne-moi de l'absinthe*

Dans un taudis dont l'amour d'une mère ne peut cacher l'atroce pauvreté
Quelques bambins vivent dans la misère d'un peu de soupe et de quelques coups de pied
Son père avait pourtant fait des études et aurait pu devenir avocat, mais il a pris une triste habitude, soirée matin, matin et soir, il boit
Et quand le soir il rentre au logis, à la pauvre femme qui sanglote il dit

"Donne-moi de l'absinthe, afin que je m'enivre, donne-moi de l'absinthe, sans quoi je ne peux vivre.
Donne-moi de l'absinthe,
car l'absinthe j'aime ça.
Donne-moi de l'absinthe, sans quoi je te bats sauvagement."

Un jour, où faisant fi de la morale, il veut aller dépenser la prime des assurances sociales, l'épouse sent la colère la gagner
Saisissant son courage d'une main et de l'autre un couteau de cuisine qu'elle avait dissimulé dans son sein, elle le lui plonge dans la poitrine
Et la brute avinée, sentant sa vie partie, ose encore murmurer avant de s'évanouir

"Donne-moi de l'absinthe,
afin que je m'enivre,
donne-moi de l'absinthe,
sans quoi je ne peux vivre.
Donne-moi de l'absinthe,
que je puisse oublier.
Car à cause de l'absinthe, tu viens de me battre sauvagement."

À l'hôpital on a conduit le père afin de lui recoudre le poumon et là, soigné par une brave infirmière, il sent revenir peu à peu sa raison
Quand il en sort, repentant et sincère, il jure de ne plus boire que de l'eau, et désormais dans son logis prospère, on sait que l'alcool est un vilain défaut
Devenu président des anti-alcooliques, c'est d'un ton suppliant qu'aux mutines il explique

"Méfiez-vous de l'absinthe,
c'est un breuvage informe.
Méfiez-vous de l'absinthe,
elle cause bien des drames.
Méfiez-vous de l'absinthe
car, de vos gais foyers,
l'ensorceleuse absinthe ne fera qu'un brasier sauvagement."

Et souvenez-vous de la conclusion que l'on peut tirer de cette belle tranche de la vie populaire : quand les parents boivent, les enfants trinquent sauvagement.

L'argent : mauvais maître, bon serviteur

Avant les blind tests, il y a eu la mode des émissions où les journalistes interrogeaient leurs invités « à l'aveugle » et devaient tâcher de les reconnaître. José Artur, friand du genre, anima Flirt *dans les années 70 et* À qui ai-je l'honneur ? *dans les années 80. Un brin cabotin, José Artur aimait jouer avec ses invités mystères, mais leur posait aussi des questions sans détours. Le voici avec Jean Yanne.*

– Vous aimez l'argent ?

– Ah oui !

– Et vous savez le dépenser ?

– Ah oui !

– Vous ne savez pas le garder ?

– Ah non !

– Donc vous êtes condamné à avoir du talent jusqu'à la fin de vos jours ?

– Même pauvre, il faudrait que j'aie de l'argent.

– L'argent, ça a beaucoup d'importance pour vous ?

– Oui, beaucoup.

– Qu'est-ce que vous en faites, vous le dépensez comment ?

– Je le dépense n'importe comment, d'une façon généralement inconsidérée et relativement généreuse. Je le dépense mal, parce que je pourrais l'utiliser mieux.

Hugo, levez-vous !

Yanne a toute sa vie repris, torturé, détourné le patrimoine français : la Révolution, les Gaulois, de Gaulle, Victor Hugo... En cela, il est très français et répond au besoin fondamental de se moquer.

Jean Yanne jouera de nombreux sketchs, dont celui qui suit, dans le Sacha Show. *Une émission créée par Maritie et Gilbert Carpentier, animée par le crooner du moment : Sacha Distel. Jean Yanne y sera souvent invité et co-animera même parfois cette émission.*

Jean Yanne détourne le poème fameux de Victor Hugo «Après la bataille». Hugo qu'il connaît et admire.

Poème *Après la bataille*

Mon père, ce héros au sourire si doux,
Suivi d'un seul housard qu'il aimait entre tous
Pour sa grande bravoure et pour sa haute taille,
Parcourait à cheval, le soir d'une bataille,
Le champ couvert de morts sur qui tombait la nuit.
Il lui sembla dans l'ombre entendre un faible bruit.
C'était un Espagnol de l'armée en déroute
Qui se traînait sanglant sur le bord de la route,
Râlant, brisé, livide, et mort plus qu'à moitié.
Et qui disait : «À boire ! À boire, par pitié !»
Mon père, ému, tendit à son housard fidèle
Une gourde de rhum qui pendait à sa selle,
Et dit : «Tiens, donne à boire à ce pauvre blessé.»
Tout à coup, au moment où le housard baissé
Se penchait vers lui, l'homme, une espèce de maure,
Saisit un pistolet qu'il étreignait encore,
Et vise au front mon père en criant : «Caramba !»
Le coup passa si près que le chapeau tomba
Et que le cheval fit un écart en arrière.
«Donne-lui tout de même à boire», dit mon père.

Victor Hugo

Jean Yanne déguisé en juge répond au poème de Victor Hugo.

« Après avoir procédé à l'audition des témoins, ayant entendu la plaidoirie de la défense, le tribunal ayant délibéré arrête ce qui suit : il a été établi de manière formelle que le nommé "Mon père", agissant en présence de Housard, qu'il aimait en fonction de certaines considérations notamment pour sa grande bravoure et sa haute taille. Attendu que le délit a été commis sur un chien couvert de morsures qui aux dires des témoins est tombé la nuit, attendu qu'alerté par les cris d'un sujet espagnol non identifié qui selon le rapport des experts se traînait sanglant sur le bord de la route en réclamant à boire et que la tentative d'homicide volontaire ne peut être retenue du fait que seul le chapeau et le cheval ont eu à souffrir de l'intervention de l'Espagnol, condamne le nommé "Mon père". Premièrement pour avoir circulé la nuit sur un champ couvert de morts sans éclairage, lanterne ou cataphote, risquant ainsi de provoquer de nouveaux accidents. Le condamne secondement pour avoir contrevenu à la loi sur l'immigration en ne signalant pas aux autorités la présence sur le territoire français d'un Espagnol ne possédant pas de permis de travail. Le condamne pour non-assistance à personne en danger en n'avisant pas les services de la Prévention routière qu'un blessé se traînait sanglant sur le bord de la route. Le condamne pour infraction au Contrôle économique et à la loi sur les spiritueux puisqu'il transportait une gourde de rhum qui pendait à sa selle sans congé ni autorisation émanant des services de la Régie. Le condamne pour avoir faussé l'enquête en faisant absorber de l'alcool à un blessé de la route, avant qu'il soit procédé à la prise de sang et à l'utilisation de l'alcootest prévu par le Code. En outre des faits, condamne le prévenu devant le tribunal militaire pour avoir modifié la destination des effets du paquetage, la gourde remise lors de l'incorporation n'étant pas destinée à contenir de l'alcool, et pour modification arbitraire de l'uniforme, les officiers de cavalerie n'étant pas autorisés à porter un chapeau mais un képi réglementaire. Par ses motifs, le tribunal, afin que nul n'en ignore et en dernier ressort, condamne le nommé "Mon père", assisté de l'avocat Victor Hugo, à trente-cinq ans de prison. Pouet pouet pouet pouet pouet. »

LVTÈC
MDCXXXV

Jean Yanne et Pierre Tchernia.
Il y a du Astérix et Obélix dans cette photo. Français, trop français…

Eh oui… Jean Yanne était un flambeur, un coureur.

PARTIE II

À bas les institutions

YANNE, UN HOMME LIBRE

Comme Brassens, il conchie les institutions: armée, Église, gouvernement, syndicat, patronat... Et cela bien avant 68. Ne supportant ni règles ni contraintes. Il sera toujours du côté des minorités. De ses trente-deux mois de service militaire il dira: «Ça a été la période la plus honteuse de ma vie. J'ai appris à me cacher, à être faux-cul, à mentir.» Lui qui aime la liberté de parole, le mot juste, il bataillera sans cesse contre la parole, par nature viciée, des politiques. Serrer des mains, flatter l'électeur pour conserver son siège... c'est pour lui l'abomination de la désolation.

«Que souhaite le gouvernement? Diriger un peuple d'êtres avachis à l'œil terne, à la langue pendante et au vote orienté. Un peuple d'individus fabuleusement bêtes à qui l'on pourra prendre ses sous.» Il s'amusera de croiser un ancien ministre (qui l'avait viré de l'ORTF!) à quatre pattes dans un bordel tenu en laisse par une prostituée. Humain, trop humain! Mais attention, enfant de chœur tout jeune, Jean Yanne connaît sa Bible. On ne la lui fait pas. Dans un dialogue de film écrit par Yanne, un père s'indigne: «Ma fille ne fera pas sa communion. On ne va pas lui farcir le cerveau avec des histoires de saints qui portent leur tête sous le bras, de multiplication des pains, de filles de Loth... Tu veux aussi qu'on lui apprenne que si elle n'est pas sage plus tard le diable la piquera avec une fourche pour la faire rôtir dans les flammes? Alors qu'il y a des fours à micro-ondes dans toutes les cuisines. Le pauvre diable, il est dépassé, au Vietnam ils font mieux avec le napalm.» Dans une de ses chansons, il brode sur l'homosexualité des prêtres: «Je vais pourtant te demander/Une dernière grâce pour mieux me contenter/Lorsque tu viens m'aimer garde donc ta soutane.» Ajoutant le blasphème au scandale. Ce qui ne l'empêche pas d'inviter un curé et un rabbin lors d'une émission spéciale qui lui est consacrée. Le curé déclare: «Je suis reconnaissant à Jean Yanne. Le jour où une société n'aura plus de comiques, eh bien elle périra d'ennui et j'ai un petit peu peur que cela nous arrive. Nous sommes menacés de conformisme. Le conformisme engendre l'intolérance et l'intolérance engendre l'Inquisition.» Le rabbin ajoutant: «L'ironie est une entreprise démystificatrice. C'est absolument indispensable pour sauver notre civilisation, notre société, notre âme.»

Liberté des mœurs, critique des pouvoirs : rien ne surprend Yanne en Mai 68.
Il s'est mis en marche bien avant.

68 : MORT AUX CONS !

En Mai 68, Jean Yanne cogne de tous les côtés : sur le gouvernement censeur, menteur et sur les étudiants "nians nians".

En 68, Yanne observe avec autant de flegme les CRS que les soi-disant révolutionnaires. Indécrottable individualiste, celui qui a inventé les slogans "Il est interdit d'interdire" et "Ni dieu ni maître (même nageur)", reprend à son compte la phrase de Brassens : "Quand on est plus de deux on est une bande de cons." En parodiant le mythique poème de Kipling, IF : "Tu seras un homme, mon fils", il en écrira deux versions en Mai 68, "Tu seras contestataire, mon fils" et "Tu seras un flic, mon fils."

Tu seras flic, mon fils

Tu seras flic, mon fils,
Si tu sais te servir mon fils d'une matraque
Ce qui, dis-toi-le bien, est parfois délicat
Si un nazi moqueur ou un rire te braque
Si tu ne lis jamais Mauriac, Gide ou Kafka
Si tu sais obéir et marcher sans comprendre
Si tu peux harceler le conducteur d'auto
Le rendre fou, le piétiner et le pourfendre
Comme si de Satan il était le suppôt
Si tu peux empêcher un gosse aux yeux candides
De cueillir une fleur là où c'est défendu
Si tu aimes sévir sans te sentir stupide
Contre des amoureux s'embrassant dans la rue
Si chasser le voleur comme on chasse une bête
Exalte au fond de toi des plaisirs insensés
Si tu peux, sans trembler, presser sur la gâchette
Et si tu peux viser sans jamais y penser
Si tu peux sans rougir mais avec insolence
Tutoyer un vieillard suspect d'on ne sait quoi
Et si tu peux gifler au cours d'une séance
L'homme qui devant toi a peur et reste coi.
Si fort de ton pouvoir et de ton beau costume
Tu peux brimer les gens et leur serrer la vis
Si ton cœur n'est que fiel, colère et amertume

ALORS, TU SERAS FLIC, MON FILS.

NON AU CHOMAGE

TAIRES DE TOUS LES PAYS
UNISSEZ-
MOUVEMENT
DU

Bien que Yanne déteste les flics (classique), il est tout aussi critique sur les jeunes gauchistes. L'exaltation du Grand Soir n'a jamais été son truc. La foi révolutionnaire n'a jamais pris sur cet indécrottable individualiste.

Tu seras contestataire, mon fils

Si tu peux contester le plus incontestable
Si des poils t'ont poussé dans le creux de la main
Si tu veux profiter des plaisirs de la table
Sans même pouvoir payer le prix d'un bout de pain
Si tu sais défiler en troupeau docile
Et glapir sans erreur la bible des Chinois
Si lancer des pavés ou autres projectiles
Te paraît plus sportif que de lancer le poids
Si barbouiller les murs de tristes apophtegmes
Libère ton esprit et enrichit ton cœur
Si faire perdre aux flics le peu qu'ils ont de flegme
Te donne un court instant une âme de vainqueur
Si abattre les troncs des marronniers placides
Te semble plus normal que d'apprendre le latin
Si pour tes professeurs des pensées d'homicides
Meublent ton pur esprit du soir jusqu'au matin
Et si dilapider les trésors de la France
Au nom de nouveaux dieux pires que les anciens
Te paraît une fin, un but, une espérance
Si ce rêve-là ne débouche sur rien
Si tu n'as comme idées que celles qu'on fabrique
Du côté de Pékin dans de tristes offices
Si au Chateaubriand tu préfères les briques

ALORS, TU SERAS CONTESTATAIRE, MON FILS.

MISSION

RENAULT

Alors que Sartre écrit «On a raison de se révolter», Jean Yanne reste sur ses positons «plus de liberté pas la révolte». Il n'aime pas le chaos. Il n'y a pas d'avenir radieux. Nous bricolons tous «dans l'à-peu-près».

Plagiste-léniniste

Pierre Desproges raconte qu'un de ses grands souvenirs de Mai 68, ce n'est ni Dany le Rouge, ni les défilés ouvriers mais l'émission de Yanne le dimanche matin à la radio qui «se terminait par des sermons enflammés à la Bossuet». Aux gauchistes, aux maoïstes, Yanne a toujours préféré les classiques.

«En Mai 68, on m'a reproché de ne pas faire la grève avec Cohn-Bendit. C'est vrai, je n'y étais pas. Par contre, j'étais à la radio et j'en faisais autant que lui. J'étais obligé de parler des plagistes-léninistes parce que les types faisaient la grève pour aller à la plage. Il y avait de prétendus artistes qui disaient: "Nous cesserons à partir de maintenant de chanter." Mais ça faisait douze ans qu'ils ne chantaient plus. Pour eux cette grève était providentielle!»

LE POUVOIR, CONTRE, TOUT CONTRE

«Le monde est peuplé de crétins qui veulent le pouvoir sur des abrutis.»

Jean Yanne, dans Moi y'en a vouloir des sous.

Jean Yanne et Daniel Prévost se régalent en 68. Ils débusquent «la chienlit» chez les CRS, comme chez les manifestants. La bêtise étant la chose au monde la mieux répartie.

Yanne : valet du pouvoir ?

Après s'être fait virer de plusieurs radios privées et de la télé, Jean Yanne se voit confier par la radio publique de l'ORTF une émission avec son complice Daniel Prévost. Son titre parodie le général de Gaulle : « Eh bien, mon cher et vieux pays, nous voici à nouveau face à face ! » Malgré l'évidente raillerie du pouvoir gaulliste, on reproche à Yanne d'être soumis au ministère de l'Information. Des auditeurs l'accusent alors d'être un « valet du pouvoir ». Et à l'époque quand on est mécontent, on écrit des lettres.

«J'ai reçu une lettre qui me dit: "Monsieur Yanne, je me permets très humblement de vous faire remarquer que vous êtes un valet du pouvoir. Permettez-moi de vous dire tout le mépris que j'ai pour vous d'être passé à l'ORTF."

Eh ben voilà, mes enfants, c'est fait. Je suis donc un valet du pouvoir. Mes camarades comédiens, qui sont des laquais de faction, sont complètement inféodés, bien sûr. Nous sommes dans ce studio devant une cabine vitrée qui a été placée par des vitriers du pouvoir, dans un studio peint par les peintres du pouvoir. Ici nous posons les pieds sur une moquette installée par des moquettistes du pouvoir. Nous avons des techniciens du pouvoir très organisés qui diffusent des disques impérialistes. C'est de la musique du pouvoir sur les ondes du pouvoir. Alors qu'est-ce que vous voulez, puisque les gens croient ça, qu'ils en sont persuadés, nous sommes bien obligés de l'avouer, nous sommes des valets du pouvoir. Et justement je suis heureux d'accueillir à notre micro monsieur La Lèche *(il se tourne vers Daniel Prévost qui rampe presque)*, qui est le président de l'École des laquais du pouvoir.

– Vous dirigez maintenant la nouvelle Université de Vincennes...

– Oui, monsieur Yanne, oui...

– Vous dirigez la classe... qui s'appelle la classe de l'échine courbe, c'est ça ?

– Oui, c'est la classe de la courbe échine.

– Alors quels sont les critères pour être admis dans cette classe de la courbe échine ? N'importe qui peut devenir un laquais du pouvoir ?

– N'importe qui, mais à condition de se plier *(il se courbe le long de la table)*, de se plier à une certaine discipline.

– Par exemple, vous avez, dans la classe de courbe échine, vous avez une préparation à l'agrégation de brosse à reluire.

– Oui, pour l'agrégation de brosse à reluire pour laquelle vous apprenez à brosser tout ce que vous pouvez brosser.

– Dans le fond c'est un terme général qui englobe toute la lèche qu'on peut faire ?

– Ensuite vous avez préparation à la licence de paillasson et de courbettes. Et puis en fin d'année, vous avez le parcours du rampant.

– Et comment ça se passe l'examen ? Parce qu'on a compris qu'on doit étudier toute l'année les courbettes, l'échine souple, mais comment ça se passe pour avoir le diplôme, pour pouvoir rentrer dans les grands corps de l'État ?

– Ce n'est pas très difficile, simplement il faut savoir jouer un peu des coudes. Vous voyez, vous vous mettez comme ça, à genoux. *(Prévost s'agenouille.)* Et alors vous rampez et, tout à fait en face de vous, vous avez l'image du pouvoir. Ça peut être un grand personnage, ou un petit gros qui représente le pouvoir. Car finalement, les laquais du pouvoir ont un principe bien établi, c'est qu'ils servent tous les pouvoirs quels qu'ils soient.

– Pardon, mais je voudrais savoir d'où vous tenez tous ces renseignements ? Parce que vous m'avez fait venir, mais je ne vous ai jamais vu aux cours !

– Non, je ne suis jamais venu aux cours, parce que je suis sorti du rang, vous comprenez. On devient un laquais du pouvoir ou de l'impérialisme en assistant à vos cours, mais on peut très bien, comme dans l'armée, être sélectionné. Et, étant donné que j'avais été pendant très longtemps sous-fifre dans une station quelque peu inféodée, on m'a trouvé tellement bien qu'on m'a pris directement à l'ORTF comme valet du pouvoir. »

En 1968, des équipes de l'ORTF
manifestent leur soutien à de Gaulle.
N'y cherchez ni Jean Yanne
ni Daniel Prévost...

ORTF

Yanne nourrit une aversion quasi physique pour les institutions.
Mais il est aussi scandalisé par la violence des discours révolutionnaires.
Il dira dans France-Soir :

« Je ne fais aucun effort pour envelopper les choses. Mais je suis sidéré par une énorme confusion des valeurs, tout le monde gueule contre tout avec la même violence, que ce soit pour ou contre l'avortement ou pour ou contre la démolition des pavillons de Baltard. »

« Peau d'Yanne »

Clément Ledoux, journaliste au Canard enchaîné, *s'en prend régulièrement à Jean Yanne. Dans un article intitulé « Peau d'Yanne », le journaliste lui reproche son « manque d'esprit ».*

« Depuis l'époque où, à l'ombre de Saint-Germain-des-Prés, il mirlitonnait à gros traits un anticléricalisme dont les *concetti* de corps de garde m'eussent réconcilié avec l'*O salutaris* en personne, j'ai toujours éprouvé un sentiment de somnolence à l'égard de M. Yanne. Il a, comme qui dirait, l'audace soporative. Chaque fois qu'il brise une vitre, on entend que ça ne casse rien. Ce petit sourire de fanfaronnelle aux dents froides, c'est du rire aux larmes de crocodile. Présentement, quand on n'a pas d'esprit et que l'on veut cependant faire carrière d'amuseur populaire, de rigolo breveté, d'effronté de faction, mais qui ne veut pas se mouiller, on se réfugie dans les guérites de "l'humour". L'esprit porte mocassins. L'esprit a le pas léger. L'esprit a du tact, même, dans la cruauté. Je regrette de devoir le dire, mais je suis là pour ça : l'humour de M. Yanne est toujours suspect de goujaterie. La vulgarité ne me choque pas. La vulgarité me dégoûte. Et quand elle se croit fine, elle m'horripile. »

Yanne a toujours adoré s'en prendre aux bonnes sœurs, avec une prédilection pour les «cornettes». Une obsession qui confine au fantasme?

JÉSUS CHRIST ET LA CARAVANE PASSE

«Jésus je l'aime, c'est le type le plus exploité de tous les temps»

***dans* France-Soir.**

Yanne entretient un drôle de rapport à l'Église. Il bouffe du curé. En même temps, il n'y a jamais de vraie méchanceté. Comme chez Brassens, la tendresse n'est jamais loin. Yanne se fera d'ailleurs enterrer religieusement à côté de ses parents aux Lilas. Mais quand il invente les «fausses pub» (dont s'inspireront plus tard Les NULS et bien d'autres), les premières à en prendre pour leur grade sont les bonnes sœurs.

EN'CORNETTE/ENCORE NETTE

«Ah ma sœur, au couvent toute la journée, vous avez chanté les psaumes, vous avez assisté aux vêpres, porté le cilice et brusquement le soir vous constatez que votre fraîcheur naturelle a disparu. Mais non, ma sœur, ne vous désolez pas, cette fraîcheur vous pouvez la retrouver grâce à En'cornette. En'cornette, le déodorant de la bonne sœur qui n'oublie pas qu'elle est aussi une femme.»

RHINOMISSEL

«Qu'y a-t-il de plus irritant que de tousser pendant l'office. Rhinomissel, le livre de messe traité au bourgeon de pin naturel, grâce à Rhinomissel mon rhume est fini et je rends grâce au ciel.»

«En'cornette», le déodorant de la bonne sœur qui n'oublie pas qu'elle est aussi une femme.

Le goût du blasphème

Dans le film Êtes-vous fiancée à un marin grec ou à un pilote de ligne? *dont Jean Yanne écrit les dialogues, il joue un mari libre-penseur et cavaleur. Dans cette scène, il se dispute avec sa femme à propos de la communion de leur fille.*

JEAN YANNE. – La petite ne fera pas sa communion, un point c'est tout.

– Qu'est-ce que ça peut te faire?

JEAN YANNE. – Ça fait que je ne veux pas de conneries comme ça chez moi. On leur apprend assez d'âneries à l'école sans en plus leur farcir le cerveau avec des histoires de saints qui portent leur tête sous le bras, de multiplication des pains, de filles de Loth... Des choses qui étaient bonnes au Moyen Âge mais plus maintenant, voilà.

– Ses petites camarades vont toutes au catéchisme. On leur apprend à pas voler, pas tuer, pas mentir. C'est pas si mal.

JEAN YANNE. – Tu veux aussi qu'on lui apprenne que si elle n'est pas sage plus tard, le diable la piquera avec une fourche pour la faire rôtir dans les flammes? Alors qu'il y a des fours à micro-ondes dans toutes les cuisines. Le pauvre diable, il est dépassé, au Vietnam ils font mieux avec le napalm.

Et la marotte de Jean Yanne, depuis son plus jeune âge, c'est de réconcilier le clergé avec la masse ouvrière, « deux ethnies complètement opposées ». Mais il ne désespère pas d'opérer une sorte de syncrétisme, en tout cas dans ses chansons.

Chanson Ave Maria

Quand on est jeune,
faut s'dépêcher
Ainsi un enfant va naître
Qu'on appellera Irénée
Irénée le divin enfant
Et le soir sans un mot
Autour du berceau
Avec Avec Avec Maria
Avec Avec Avec Maria
On ira danser le tango.

Se replonger dans les textes de Yanne, c'est retrouver ces ambiances à la Fellini, à la Pasolini. La soutane était encore de mise.

Dans une émission 1 = 3, Yanne évoque la Bible, « un beau livre, s'il est bien relié » et plus particulièrement le personnage de Loth. Il lit un passage parodiant l'Ancien Testament dans lequel Loth erre dans le désert avec son chien Vinégra, Ce qui veut dire « chien fidèle » en hébreu.

Et pour finir Vinégra lécha Loth.

***« Le jour où une société n'aura plus de comiques, elle périra d'ennui. Et j'ai un petit peu peur que c'est ce qui va nous arriver. Nous sommes menacés de conformisme. Le conformisme engendre l'ennui, et l'ennui engendre l'intolérance et l'intolérance engendre l'Inquisition. » Le père Bruckberger, invité par Jean Yanne sur le plateau de* L'Invité du dimanche.**

Le père Bruckberger et le rabbin Eisenberg rendent hommage à Jean Yanne. Pour eux, il n'y a pas d'attitude plus profondément religieuse que de ne pas se prendre soi-même au sérieux. L'humour est une entreprise de démystification.

Yanne : bouffeur de curés ?

Yanne ne respectait aucune religion. Pas plus les catholiques, que les juifs ou les musulmans. Et pourtant, dans une émission spéciale qui lui est consacrée, Yanne insiste pour inviter le père Bruckberger et le rabbin Eisenberg. Se noue alors un dialogue qui résonne plus que jamais aujourd'hui.

Le présentateur. – Jean Yanne attaque tout le monde. Est-ce qu'on peut bouffer du curé, est-ce qu'on peut bouffer du juif sans provoquer des réactions exaspérées ?

Père Bruckberger. – Il y a toujours eu une tradition d'anticléricalisme dans l'Église. Après tout, l'essence du christianisme, c'est la charité, mais c'est aussi l'humilité. Et je suis plutôt reconnaissant à Jean Yanne de rappeler les gens à l'humilité. Il n'y a pas d'attitude plus profondément chrétienne que de ne pas se prendre soi-même au sérieux.

Jean Yanne. – Vous savez, je n'ai jamais d'ennuis avec les catholiques, les vrais. Je n'ai jamais d'ennuis avec les juifs, les vrais. Ce sont toujours les gens qui sont en dehors de la religion qui râlent.

Rabbin Eisenberg. – Le père Bruckberger vient de montrer que l'humour est une vertu chrétienne. Et je vais montrer que c'est aussi une vertu juive. La Bible est un livre très humoristique. Un des trois patriarches d'Israël s'appelle Isaac, ce qui veut dire, en hébreux, le rire. Nous avons, dans l'histoire, montré un certain humour. Les blagues juives en sont le témoignage. C'est une façon de prendre ses distances devant la réalité. Je crois que le maniement de l'humour, tel que le pratique Jean Yanne, est une entreprise de démystification. Quand il s'agit de pointer la singerie qui apparaît dans notre société, je dis « Bravo ».

Jean Yanne et Jacques Martin en direct, ce sont deux chiens fous que rien n'arrête.
En général, ils jettent au dernier moment leurs notes préparatoires à la poubelle pour improviser.
Ils sont entièrement incontrôlables par leur hiérarchie.

ÉLECTIONS PIÈGE À CONS ?

Présidentielle : Yanne et Martin aux manettes

Après la mort de Pompidou, le 2 avril 1974, une élection présidentielle anticipée est rapidement organisée. Et pour animer cette soirée électorale, la deuxième chaîne de l'ORTF fait appel aux deux agitateurs radio, Jean Yanne et Jacques Martin. La volonté de la chaîne est de « faire éclore les forces de la joie et de la chanson ».

JACQUES MARTIN. – J'avoue que, lors du premier tour, j'avais été un petit peu jaloux des journalistes, j'en conviens, je le confesse. Pourquoi ? Parce que les journalistes avaient un avantage sur nous : ils avaient, à côté d'eux, un politologue. C'est-à-dire un homme qui explique ce qui est en train de se passer. Ce soir, j'ai voulu réparer ce désavantage et accueillir sur le plateau le meilleur politologue français, le seul qui connaisse véritablement la France, sa politique : le politologue Jean Yanne.

JEAN YANNE. – Pour faire une analyse politique de la situation, je regarde depuis quatre heures cet écran de télévision. Et ce qui me surprend, c'est qu'on n'arrive absolument pas à faire la distinction entre les variétés et les résultats.

J.M. – Pourquoi ?

J.Y. – Il y a autant de comiques d'un côté que de l'autre, la frontière est extrêmement difficile à franchir, donc je n'ai pas pu faire une analyse très précise.

J.M. – Oui. Est-ce qu'on peut dire par exemple que celui qui sera élu sera plus heureux que l'autre ?

J.Y. – Je crois que le plus perdant est quand même celui qui est élu.

J.M. – J'aimerais quelques mots d'explication ?

J.Y. – Ben d'abord parce que je ne sais pas si vous connaissez l'immeuble du président ? Rue du Faubourg-Saint-Honoré, c'est assez tarte. Je sais que depuis un certain nombre de temps il y a eu pas mal de travaux : destruction de la marquise, remplacement des lampes, un certain nombre de modifications architecturales... Mais enfin quand même, vivre là-dedans, c'est pas gai-gai. Il y a un jardin d'un côté mais il y a beaucoup de vis-à-vis.

J.M. – Et on ne peut pas planter ?

J.Y. – Non, on n'a pas les autorisations. En plus, la vie d'un président de la République, ce n'est quand même pas très marrant : il faut se lever à 7 heures le matin, se coucher à 1 heure du matin le lendemain. Il y a des déjeuners, le muguet, le 1er Mai ! Au lieu d'aller gambader dans la forêt, on est obligé de recevoir des zigues absurdes. Et puis il y a le costume, qui est particulièrement ridicule. Il y a la photographie, que l'on est obligé de faire pour afficher dans les mairies. Vous savez qu'il y a un concours chaque année pour savoir sur quel livre le président posera sa main ?

J.M. – Il y a quels livres ?

J.Y. – Le Programme commun ou le bottin. Éventuellement la Bible, le *Petit Livre rouge.*

Suite de l'émission de l'ORTF du 2 avril 1974, consacrées à l'élection présidentielle anticipée, on peut se demander si ce moment, qui a su mêler la dérision au plus grand sérieux, ne constitue pas l'état de grâce ou le chant du cygne de l'ORTF, qui sera démantelée deux mois plus tard.

Jean Yanne, président ?

JACQUES MARTIN. – Mais je ne comprends pas, mon cher Jean Yanne, vous qui êtes adoré des Français, l'idée ne vous est pas venue de vous présenter à la présidentielle ?

JEAN YANNE. – Je ne pouvais pas car je me serais présenté contre le candidat écologiste, parce que je suis un fan de la pollution.

J.M. – Qu'entendez-vous par là ?

J.Y. – J'entends par là que ça fait des années que je bois, que je fume et que j'embrasse des femmes malades. Par conséquent, il n'y a absolument aucune raison pour que je ne sois pas contaminé. Et la pollution, je sentais que ce n'était pas très populaire. Les Français ont encore finalement le côté fleur bleue. D'ailleurs si M. Giscard d'Estaing prend un léger avantage, c'est peut-être justement à cause de cette idée d'antipollution qu'il y a dans les noms de fleur des membres de sa famille : Anne-Aymone.

Jean Yanne, journaliste bien informé

En 1964-1965, Jean Yanne va collaborer à plusieurs reprises à L'Os à moelle. *Organe officiel des loufoques de Pierre Dac. Par ailleurs, sur les ondes de l'ORTF, Pierre Dac anime une émission aussi absurde que son titre le laisse entendre :* 3 14 116, de Pi R Dac. *Évidemment, Jean Yanne fait partie de l'équipe des chroniqueurs. La connivence entre journalistes politiques, ce que Coluche nommait « les milieux autorisés », ne date pas d'hier. Dans la vie, dans ses films, dans ses sketchs, Yanne a toujours fustigé cet « entre-soi ».*

« Toute la semaine, seul dans ce studio, seul devant ce micro, seul face à l'opinion, je commenterai pour vous l'actualité sans peur et sans hésitation. Je dirai tout ce que l'on n'ose pas vous dire. Quelles que puissent en être les conséquences, je crierai ce que l'on vous chuchote. Oui, bien sûr, sans pour cela verser dans une anarchie destructive. Je vais, pour commencer, dénoncer un scandale que peu de gens connaissent, même parmi les familiers du… ***(des murmures se font entendre dans le studio)*****. Bon, laissons cela, alors. Passons plutôt à cette lamentable affaire qui soulève, dans tous les milieux, une juste indignation,**

Jacques Martin, comme Jean Yanne (qui ne l'oublions pas étaient passés par le Centre de formation des journalistes) sont des «dévoreurs de journaux». Réagissant à chaud à la radio, à la télévision, ils sont à leur façon de formidables éditorialistes.

jusqu'à l'Élysée... Et pourquoi personne n'ose vous en parler? Oui, pourquoi? Veulerie, opportunisme, lâcheté? Quand Monsieur le Ministre... quand Son Excellence Monsieur le Ministre déclare à la douane... Je dis, moi, sans hésitation, sans faux-fuyant, sans crainte, en vous regardant par la pensée droit dans les yeux, seul devant ce micro, seul contre tous, je dis, moi, qu'il n'a pas tout à fait tort... Je dis qu'il a tout à fait raison!

Je déjeunais l'autre jour avec un ami intime, un ami de longue date, très introduit dans les milieux gouvernementaux et qui, pour des raisons évidentes, désire conserver son anonymat... D'ailleurs je n'ajouterai pas foi aux déclarations d'un homme qui trahit la confiance de ses chefs. À vrai dire, je ne le connais pas vraiment, c'est un individu dont je tairai le nom. Voilà mes chers amis, je vous ai donné je crois quelques sujets de réflexion qui vous permettront de ne plus vous laisser berner, parce que l'on vous berne! Je serai là comme un moderne Don Quichotte, ayant pour seule arme le courage, et s'attaquant aux ailes empoisonnées des moulins du mensonge. Seul face à l'opinion, seul face à mes responsabilités... On me fait signe, chers amis, que mon temps d'antenne est terminé et je vous dis à la semaine prochaine.»

« Je crois que la principale censure ne vient pas du gouvernement, mais du manque de goût pour l'information qu'a le public. »

Jean Yanne, dans L'Invité du dimanche, mars 1969.

CENSURE

Mars 1969, Jean Yanne est l'invité vedette de l'émission L'Invité du dimanche. *Sur le plateau de cette émission de trois heures, Jean Yanne a convié ses amis, mais aussi Roland Dhordain, directeur de France Inter, Jean Farran, patron de RTL, et l'emblématique patron d'Europe 1 et futur créateur de VSD, Maurice Siegel. Alors évidemment, on évoque la censure. Extrait des échanges :*

LE PRÉSENTATEUR. – Sans la radio Jean Yanne ne serait sûrement pas ce qu'il est. Alors nous avons réuni sur ce plateau, les présidents des trois grandes radios françaises. Maurice Siegel, directeur général d'Europe N°1, Roland Dhordain, directeur de la radio diffusion à l'ORTF, Jean Farran, directeur de Radio Luxembourg. Maurice Siegel, que faisait-il à l'époque chez vous ?

MAURICE SIEGEL. – Comme on n'était pas encore sûrs de son talent, on l'avait associé à Martin.

ROLAND DHORDAIN. – Enfin, c'est à moi qu'il coûte le plus cher. Car, chaque fois qu'il change de station de radio, il se fait augmenter…

Paradoxe. À l'époque, la censure est officielle. Yanne doit affronter le comité de censure mis en place par de Gaulle. À sa tête, Alain Peyrefitte, le ministre de l'Information. Pour ce qui est de l'autocensure, elle n'existe pas. Yanne se fout comme d'une guigne des pressions de l'opinion publique.

JEAN YANNE. – Je suis bien content d'avoir ces directeurs-là. D'abord, ils me rendent service quand l'actualité n'est pas riche. Quand on ne peut pas taper sur un certain nombre de sujets, quand il ne se passe rien, on tape sur la direction. C'est un moyen facile de faire des effets.

ROLAND DHORDAIN. – À propos de la censure, je dois dire que j'ai été interpellé, dans un comité de programme qui surveille notre action au sein de l'ORTF. J'ai tout simplement répondu que j'assumais la responsabilité de Jean Yanne sur mon antenne. Lorsque Jean Yanne débordera, c'est moi qui en suis responsable et c'est moi qui en assumerai les conséquences.

JEAN FARRAN. – Nous assumons en tant que directeurs la responsabilité de chaque mot qui est dit sur l'antenne.

MAURICE SIEGEL. – Et ça fait beaucoup de mots…

JEAN FARRAN. – Mais, à la vérité, nous n'avons aucun moyen de contrôle. La radio en direct, c'est du langage parlé, et on ne peut pas censurer, on ne peut pas contrôler la radio, on ne peut que faire des observations après coup. La liberté est techniquement obligatoire à la radio.

Dans l'émission *1=3*, Yanne et Martin.
Yanne, trouvant la reine d'Angleterre trop mal habillée, demande aux téléspectateurs d'envoyer des affaires au palais de Buckingham. La reine mère reçoit de nombreuses robes, chapeaux…

Virés pour insulte à la Nation

Dans ce sketch de l'émission 1=3, Yanne et Martin mettent Napoléon sur un vélo. Un lointain descendant du prince Murat, furieux, demandera au comité de la censure mis en place par de Gaulle de sévir. Ce sera l'occasion pour les censeurs de mettre fin à cette émission incontrôlable.

VOIX OFF. – *Ce matin, départ de la quatrième étape du premier tour d'Europe cycliste Iéna-Waterloo. Étape de 398 km et, à 286 km déjà, quatre hommes se sont échappés.*

MURAT (Paul Mercey). – Masséna, passe-moi ton bidon, j'ai soif !

MASSENA (Lawrence Riesner). – Oh ! Vous êtes tous les mêmes. Vous voulez pas vous charger au départ et, après 50 km, vous tapez les copains.

MURAT. – Sois pas vache quoi, passe-moi ton bidon !

NAPOLÉON (Jean Yanne). – Oh, passe-lui, quoi. C'est pas le moment qu'on flanche, on a les Anglais aux fesses !

(Masséna tend son bidon à Murat.)

CAMBRONNE (Jacques Martin). – À combien de minutes ils sont les Anglais ?

NAPOLÉON. – 1 minute 15 au dernier pointage.

CAMBRONNE. – Oh la vache !

NAPOLÉON. – 40 secondes les gars, 40 secondes. Il faut mettre le paquet. Cambronne, fais le forcing, je prends ta roue.

(Cambronne passe devant.)

CAMBRONNE. – Oh, il est marrant Napo « fais le forcing, je prends ta roue ». Nous on se crève, on lui coupe le vent, on fait tout le boulot. Et il arrive à l'étape, frais comme un gardon. Excuse-moi, alors à lui le Maillot jaune, à lui les bouquets de fleurs, à lui les bibises, à lui les photos, pardon !

NAPOLÉON. – Au lieu de discuter, magnez-vous un peu, on a les Anglais à 15 secondes.

CAMBRONNE. – Mais forcément, ils sont surentraînés, ils se tapent du thé toute l'année.

NAPOLÉON. – Oh, les salauds, ils nous rattrapent.

CAMBRONNE. – Passez les premiers, messieurs les Anglais.

MASSENA. – Et, on les prend, Napo, on peut les avoir comme on veut.

MURAT. – Ça s'est jamais vu qu'on se fasse battre par les Anglais devant chez nous.

NAPOLÉON. – À combien on est de Waterloo ?

CAMBRONNE. – 2 kilomètres.

(Plan de dos sur leurs postérieurs.)

MASSENA – Oh là là ! dis donc, c'est dur, hein.

NAPOLÉON. – Allez, encore un petit effort.

CAMBRONNE. – Je vois leurs dossards.

MURAT. – Napo, Wellington il fait pas le poids !

CAMBRONNE. – Ça y est les gars !

MURAT. – On les a !

MURAT. – Masséna, passe-moi ton bidon.

CAMBRONNE. – Tu bois trop, Murat, ça va te couper les pattes.

NAPOLÉON. – Plus qu'1 kilomètre avant Waterloo.

MASSENA. – Et si on n'est pas rejoints, on a la victoire facile.

NAPOLÉON. – Alors, écoutez-moi les petits, arrivés à Waterloo, vous vous mettez en carré, vous faites le mur, et moi je vous lâche à 200 mètres de la ligne.

(Tout le monde grogne.)

NAPOLÉON. – Quoi, ça vous plaît pas ou quoi ?

MURAT. – Je dis pas le contraire, mais nous aussi on aimerait bien avoir le maillot de temps en temps.

CAMBRONNE. – Rien qu'une fois !

NAPOLÉON. – Je peux pas me permettre de prendre des risques, j'ai encore le tour de l'île d'Elbe à me farcir. Plus les six jours de Wagram et le critérium de la Berezina. Et il faut que je remporte le tout si je veux avoir le championnat d'Europe par points. Alors, rien à dire ?

NAPOLÉON. – Oh, bon Dieu, j'ai crevé. Une roue, il me faut une roue !

CAMBRONNE. – Y en a un qui va nous rejoindre !

MASSENA. – Ben manquait plus que ça.

MURAT. – C'est un des nôtres.

NAPOLÉON. – Ben, il va me passer sa roue. Grouchy, magne-toi, Grouchy.

MASSENA. – Mais, dis donc, c'est pas Grouchy.

CAMBRONNE. – C'est un Autrichien !

MURAT. – C'est Blücher !

VOIX OFF. – Ici le vélodrome municipal de Waterloo. Temps splendide, assistance record. Dans quelques instants va se juger cette quatrième étape du tour d'Europe cycliste. Mais voici les coureurs à l'entrée du vélodrome, en tête Napoléon, Blücher, suivis de Cambronne, Murat et Masséna. Et c'est le départ du sprint avant le tour final. En tête Blücher, Blücher très à l'aise, mais quoique pédalant en danseuse. Derrière, Napoléon fait le forcing. Le style merveilleux de Napoléon, vous le connaissez. Regardez-le remonter, admirable. C'est le Napoléon des années terribles. C'est le Napoléon des sacres. La souplesse dans les jambes, c'est admirable. Et voici l'arrivée, c'est Blücher, c'est Blücher. Ah, premier Blücher, deuxième Napoléon, troisièmes Masséna, Murat et Cambronne.

Sous de Gaulle, un comité de censure veille à la bonne moralité des programmes de l'ORTF.
Après cinq numéros, l'émission *1 = 3* est interdite.
Jean Yanne et Jacques Martin ont «insulté la grandeur de la France».

Je vous rappelle donc l'ordre d'arrivée, premier Blücher, deuxième Napoléon, troisièmes Masséna, Murat et Cambronne. Euh vite, vite, Blücher pour la télévision.

CAMBRONNE. – On a fait ce qu'on a pu Napo, hein.

MURAT. – On a mis le paquet.

MASSENA. – Mais Blücher était en pleine forme.

CAMBRONNE. – Ne t'en fais pas, mon vieux.

MURAT. – T'en gagneras d'autres.

MASSENA. – Mais oui, perdre à Waterloo c'est pas un désastre.

CAMBRONNE. – Mais non, c'est pas un désastre.

NAPOLÉON. – Merci les gars, vous êtes chouette. Plus tard, quand vous direz, j'étais à Waterloo...

MURAT *(pleurnichant)*. – Oh t'en fais pas Napo, t'étais le plus grand, t'étais le plus fort va...

CAMBRONNE. – Oh merde ! *(fond en larmes)*

Yanne et Martin ont « insulté la grandeur de la France ».

Et, toujours dans L'Invité du dimanche, *Jean Yanne revient sur l'épisode qui lui a valu d'être viré de la télé avec Jacques Martin.*

« Nous avons eu un procès car nous avions mis Napoléon en caleçon sur un vélo pour faire la course à Waterloo. Et évidemment Napoléon attendait Grouchy qui devait passer dans sa roue. Et c'est Blücher, qui faisait partie de l'équipe autrichienne, qui arrivait en premier. Napoléon perdait la course. On nous a fait un procès pour atteinte à la grandeur et au prestige de l'Empire.

Pourtant Napoléon avait lui aussi le goût des farces. Il avait fait une plaisanterie pour séduire une dame. Napoléon écrit, je cite : "Elle était jeune et jolie. J'ai voulu lui montrer jusqu'où peut aller l'autorité d'un homme. Pour cela j'improvisais devant cette femme un simulacre de guerre. Et je fis charger des hommes pour attaquer un avant-poste. Au cours de cette attaque plusieurs hommes furent tués pour les beaux yeux de cette belle dame. Certes cette attaque était une fantaisie et pourtant quelques hommes y restèrent. Chaque fois que le souvenir m'en vient, je me reproche fort cette action."

Vous voyez, il faisait des plaisanteries plus dangereuses que les miennes. »

Dans l'émission Un rire par jour, *diffusée au début des années 70, Jean Yanne revient sur l'histoire de Napoléon à vélo. Mais pour parler « boutique », mécanique du rire, pas censure.*

Napoléon à vélo, c'est rigolo

« Faire rire, c'est relativement mathématique. Dans un spectacle, quand on n'a pas de quoi finir, on joue toujours un vieux truc : on joue sur l'anachronisme, sur le décalage. C'est extrêmement facile : si vous faites parler un chef d'orchestre avec le langage d'un plombier, c'est en principe rigolo. Si vous faites parler un plombier avec un langage de chef d'orchestre, c'est également rigolo...

Si vous mettez Napoléon sur une bicyclette, en principe c'est drôle, même si ça ne fait pas rire tout le monde. »

Zone de confort...

Dans un programme court diffusé au début des années 70, Un rire par jour*, Jean Yanne revient sur l'incompréhension qui persiste entre le public et lui.*

«Je suis toujours surpris parce que les ennuis que j'ai, cela ne vient jamais des choses auxquelles je m'attendais. Un exemple : dans un sketch, je disais : "J'ai passé mes vacances dans la Sarthe et comme dans la Sarthe, il n'y a pas beaucoup de casinos, j'ai lu les œuvres complètes de Malraux ! (*nota bene* : alors ministre de la Culture)." Je me disais qu'un jour ou l'autre un type allait m'insulter disant : "On ne se moque pas de Malraux." En fait, un jour il y a une bonne femme de la Sarthe qui s'est levée et qui a dit : "Il n'y a peut-être pas de casinos dans la Sarthe mais c'est un département qui a donné beaucoup de morts en 14 ! Tout est tabou. Imaginez que je sois à la télévision et qu'un type qui me regarde est cordonnier : si je fais une blague sur les juifs, il rigole. Sur les anciens combattants, sur les Noirs, sur les riches, sur la gauche, il se marre toujours. Si je continue à taper sur la droite, sur les curés, sur les militaires, il continue à rigoler. Mais si jamais je me fous des cordonniers, je me fais immédiatement traiter de salaud ! »

«Les ennuis, on ne sait jamais de quel côté ils viennent.» Les gens de gauche ont toujours traité Yanne d'«anar de droite», mais c'est avec les gouvernements de droite que Yanne a eu le plus de soucis.

En pleine guerre d'Algérie, Yanne fera trente-deux mois de service militaire au Service des archives de Paris. Il y apprend à mentir, à ramper.

ARMÉE, L'ÉCOLE DU VICE

Jean Yanne n'a que 21 ans lorsque la guerre d'Algérie éclate. L'état d'urgence est décrété. Entre 1954 et 1962, la durée légale du service militaire est de dix-huit mois, mais certaines classes sont maintenues à trente mois. Jean Yanne fera trente-deux mois.

« La période la plus humiliante de ma vie »

« J'ai fait mon service militaire à la caserne Dupleix. Enfin, à la prison Dupleix. D'où on m'a libéré suite à des plaintes de gens du quartier. Je n'arrêtais pas de gueuler : "Au secours, je suis un Arabe, on me torture, on m'arrache un ongle !" »

Dans Radioscopie, 14 juillet 1969.

« L'armée, ça a été dramatique d'abord parce que j'ai fait trente-deux mois et qu'on m'a décoré presque tout de suite ! Je travaillais au Service des archives de Paris et il s'est trouvé que ce service venait de publier un bouquin (auquel bien sûr je n'avais pas participé) et qui a reçu une décoration à titre collectif. Je me suis donc retrouvé dès les premiers jours à porter une décoration parfaitement imméritée ! Du coup, je me faisais saluer dans la rue parce que c'était les couleurs de la médaille militaire, mais dans l'autre sens. La médaille militaire c'est violet et rouge, ça c'était rouge et violet. Mais, dans le noir, l'hiver, on peut confondre. »

1958. L'ANNÉE DE LA PREMIÈRE ÉMISSION TÉLÉ POUR JEAN YANNE. DERRIÈRE SON ORGUE, IL ENTONNE UNE CHANSON QUI NE SENT PAS LE SABLE CHAUD, MAIS L'IRONIE SUR FOND DE GUERRE D'ALGÉRIE.

Chanson *Le Mambo du légionnaire*

Sur un piano systématiquement faux
Un légionnaire énigmatiquement beau
Jouait jouait pour oublier ses tourments
La toccata qu'il aimait tant

Le soleil dardait ses rayons sur les douars
Des moustiques cavalcadaient fous comme des farfadets
Des chameliers qui passaient, leurs cheveux se hérissaient
Car devant eux se dressaient des mirages et qui plus est

Des os qui prouvaient que lorsque l'on ne pouvait
Plus marcher si l'on avait mal aux pieds, on en crevait !
Car le sable faisait des tombes à ceux qui décédaient
Dans ce curieux bled où dès le matin on entendait

Sur son piano systématiquement faux
Le légionnaire énigmatiquement beau
Jouait, jouait pour oublier ses tourments
La toccata qu'il aimait tant

Lors de tournées en province, cette chanson provoque scandale sur scandale

Chambrée conjugale

Cet extrait est issu de l'émission Mise en pièces. *Son principe : trois femmes journalistes interrogent leur invité « à l'aveugle » et doivent deviner – uniquement grâce à ses réponses – son identité. Et ces journalistes sont déterminées.*

– L'atmosphère d'une chambrée militaire, est-ce que vous avez connu ça ?

– Est-ce que la chambre conjugale vous paraît être une suite logique du dortoir et de la chambrée militaire ?

JEAN YANNE. – Ça dépend comment est organisée la chambre conjugale ! Si elle est organisée en dortoir, elle me paraît être la suite logique. Et là elle est plus amusante que le service militaire.

Pour Jean Yanne, «les honneurs déshonorent», pour reprendre la formule de Flaubert. Même l'âge venant, Jean Yanne ne cédera jamais à ces «hochets».

Légion d'honneur

Jean Yanne répétera souvent qu'il n'a jamais eu autant d'ennuis que sous Poher, président par intérim lors de la démission du général de Gaulle et à la mort de Pompidou.

«À France Inter, je m'étais moqué de la Légion d'honneur, donc quelqu'un a téléphoné pour dire que ce n'était pas possible qu'on tienne de tels propos sur une radio publique. C'est Alain Poher, le Premier ministre, qui a téléphoné. Résultat: mon émission a été supprimée. Je n'ai jamais revu Poher, sauf une fois dans un bordel. Il était à quatre pattes, il mangeait dans une écuelle avec une bonne femme qui lui disait: "Sale chien, t'as faim."»

«La Légion d'honneur, c'est comme les hémorroïdes, n'importe quel trou du cul peut l'avoir.»

35 heures, droit de grève, double ration de choucroute les jours de grand vent : galériens de tous les pays, unissez-vous !

SYNDICATS : MOI, Y'EN A VOULOIR DES SOUS

Dans ses sketchs, ses films, le monde du travail est très présent. Syndicats, patrons, grèves... Dans une époque incroyablement idéologique, Yanne ne l'est jamais. Il sait, en cynique lucide, qu'à l'arrivée chacun roule pour sa pomme. Le fric corrompt les uns comme les autres. À défaut de changer la nature humaine, sortons au moins de l'hypocrisie.

VOIX OFF. – Sur la mer Méditerranée, seize ans et trois mois avant Jésus-Christ, une galère avance lentement. Jean Yanne rame à côté d'autres galériens. Ils sont fouettés par un centurion.

– Ramez ! Ramez ! Ramez ! Ramez ! Allons, plus vite que ça, bande de fainéants !

JEAN YANNE. – Oh ! Ça va comme ça ! Oublie-nous, Albert !

– Quoi ? Qu'est-ce qu'il y a ? On rouspète ?

J.Y. – Ouais, on rouspète. C'est pas parce qu'on est des galériens qu'il faut nous traiter comme des forçats.

– De quoi tu te mêles, toi ? Qui tu es ?

J.Y. – Ben Hur ! Stop ! Je suis le délégué du personnel. Mes camarades et moi on a décidé de débrayer si on n'a pas une double ration de choucroute les jours de grand vent. Et puis on veut pas ramer plus de quarante heures par semaine.

– Salut à toi, tribun Twistus.

(Apparaît Jacques Martin en tribun romain.)

JACQUES MARTIN. – Ton salut t'es rendu, centurion. Que se passe-t-il ?

– Ben on a des ennuis avec le personnel. Ils veulent se foutre en grève.

J.Y. – Ouais, parfaitement, on veut se filer en grève. On a le droit aux droits sociaux nous aussi ! *(les galériens brandissent des pancartes : « Non à la vignette » « Vive l'école laïque ! »)*

Vive la bourse !

Dans son deuxième film, Jean Yanne se paie les syndicats et jubile quand il réunit dans une scène mémorable des syndicalistes qui chantent L'Internationale *dans une cathédrale au son mêlé de l'*Ave Maria. *Jean Yanne dialogue dans l'émission* Vive le cinéma ! *avec l'écrivain et réalisateur Remo Forlani à propos de ce film.*

JEAN YANNE. – *Moi y en a vouloir des sous*, ça raconte l'histoire d'un syndicaliste qui trouve qu'on gaspille l'argent du syndicat quand on fait imprimer des affiches et qu'on organise des manifestations. Alors il place les fonds du syndicat à la Bourse. Et comme c'est un très très bon gestionnaire, les fonds fructifient, prospèrent. Avec ces fonds qui ne cessent d'augmenter, il achète des usines, il achète des entreprises, et le syndicat devient un énorme trust.

REMO FORLANI. – C'est une satire politique ?

J.Y. – Non, ce n'est pas du tout une satire politique, puisque les syndicats se défendent de faire de la politique ! Je dirais donc « satire sociale ».

R.F. – Satire sociale. Mais est-ce que tu crois que c'est bien élevé de rire avec des choses comme ça ? Jusqu'ici ça n'a pas tellement fait rire les syndicats.

J.Y. – Oui, ça sera peut-être mal vu, mais enfin, tant pis. Après tout, le zizi est une chose sacrée, qui sert depuis très très longtemps à procréer et on a fait des films sur le zizi. Alors à partir du moment où on utilise les parties nobles de l'homme pour intéresser le spectateur, il y a pas de raison pour qu'on n'utilise pas aussi les sentiments nobles de l'homme.

Jean Yanne, c'est toujours une affaire de copains. On écrit, on joue ensemble. Une bande et une tradition très françaises : Francis Blanche, Pierre Dac…

Une des têtes de Turc de Jean Yanne : les yéyés. Incarnation, pour lui, d'une musique, d'une mode absurdes.
On peut reprocher à Yanne beaucoup de choses, pas son jeunisme.

DES JEUNES SI CONS

Les Revendications d'Albert

1966, l'année où Antoine sort ses élucubrations, Jean Yanne se montre acide à l'égard de ces jeunes qui aiment la folk song et s'empresse donc d'écrire quelques chansons parodiques : Les Revendications d'Albert, Les Émancipations d'Alphonse, Les Pérégrinations d'Anselme, Les Préoccupations d'Antime. *Pour résumer la pensée de Jean Yanne : « cheveux longs et idées courtes ».*

Quand Yanne mord, il ne lâche pas facilement.

Chanson *Les Revendications d'Albert*

Les camarades m'ont dit : Laisse-toi pousser les cheveux
Pour l'action syndicale, on fait rien de mieux
Paraît même que maintenant pour s'inscrire au Parti
Il faut se mettre des chemises à fleurs et des bigoudis

Pour défendre le Komit'il faut la classe ouvrière
Le Plan quinquennal, c'est de la petite bière
Si Karl Marx a permis la Révolution
C'est parce qu'il avait les cheveux longs
Pour construire vraiment des lendemains meilleurs
Camarades, mettons nos chemises à fleurs
Groupons-nous pour la lutte finale, car demain
Le beatnik sauvera le genre humain
Niet-Niet ! (Russe yaourt)

« Johnny, je t'aime. Johnny, je te veux »

« Que souhaite le gouvernement ? Diriger un peuple d'êtres avachis à l'œil terne, à la langue pendante, au regard tiède et au vote orienté. Un peuple d'individus fabuleusement bêtes à qui l'on pourra prendre ses sous, que l'on pourra faire travailler pour un salaire médiocre, que l'on pourra " télévision-gouverner " à loisir, que l'on pourra nourrir de slogans et de poulets français ! Un peuple d'andouilles à qui l'on pourra faire prendre des vessies pour des avantages sociaux ! Alors, messieurs du gouvernement ! Avez-vous vu le public de Johnny ? N'a-t-il pas toutes les caractéristiques de cet ensemble que vous souhaitez mener à la baguette ? »

« Que manque-t-il au yéyé qui twiste ? Une pioche entre les mains et sans s'en rendre compte il vous abat deux tonnes de charbon par da dou ron ron ! Une courroie autour du ventre et en "surfant" il vous alimente une centrale électrique pendant deux heures. Des machines-outils marchant au carburant musical, voilà ce que vous prépare Johnny. Une génération entière de zombis à 33 tours. Ce qu'il est en train de faire des adolescents de 1964, c'est ce que vous cherchez à faire de nous, les adultes, depuis la nouvelle Constitution. Alors laissez-le vous mâcher le travail. Libérez Johnny et servez-vous de son mythe. C'est votre nouvelle ligne Maginot. »
Jean Yanne, « Messieurs les gouvernants, notre jeunesse s'étiole », *L'Os à moelle*, 23 juillet 1964.

Les yéyés qui twistent : une génération entière de zombis à 33 tours.

Chanson Saint-Rock

**par « Johnny Rock Feller
et ses Rock Kids »**

Allons, enfants de la batterie
Le jour du rock est arrivé
Avec nous de la mélodie
Le tempo minable est changé

Entendez-vous, les camarades
Braillez ces sinistres croulants
Qui viennent depuis vingt-cinq ans…
Nous saouler avec leurs sérénades.

Les Émancipations d'Alphonse

parodie des *Élucubrations* d'Antoine

Hiii donc !
L'père il m'a dit « Alphonse,
Fais-toi couper les ch'veux
T'auras ben tôt plus d'poils
Qu'en a au cul d'mes bœufs »
J'ai répondu « Hé, l'père
Plus qu'mes ch'veux y sont longs
Et moins j'lave c'qui a dessous
Et moins j'use de savon »

Mon père, ce héros
Au sourire si doux
Il était dans un champ
Sur qui tombait la nuit
Il lui sembla dans l'ombre
Entendre un faible bruit
C'était Yvette Horner
Qui jouait de l'accordéon.

«La jeunesse ne fait rien à l'affaire, quand on est con, on est con.» Brassens cité par Yanne.

Jean Yanne et Jacques Dutronc:
deux séducteurs qui échappent aux modes.
"La mode c'est ce qui se démode", pas eux.

PARTIE III

Consommation

QUAND LES TRENTE GLORIEUSES DÉRAPENT

Il a eu, sur un certain nombre de sujets comme l'écologie, la civilisation de la bagnole, la folie de la consommation, la pub, de vraies prémonitions. Il y a chez lui un côté visionnaire, prophétique. Un Guy Debord moins sinistre.

Jean Yanne se délecte de nos travers, nous aide à sourire de nos mesquineries. Nos excès, ses excès deviennent pour lui un exercice de style perpétuel. Il ne faut pas oublier qu'il a accompagné la montée en puissance des Trente Glorieuses. La croissance est là. Les Français s'équipent en télés, frigidaires, voitures. Avec un instinct animal, Yanne saisit les dérives de cette société de consommation. Le film Erotissimo dénonce les nouveaux diktats de la pub, des magazines féminins, de la radio... Déjà! Le corps, érotisé, sert à vendre tout et n'importe quoi. Les fausses pubs que Yanne invente sont prophétiques. «Pédospray : le déodorant double usage. Pour la bouche et les pieds.» Yanne anticipe le délire de notre monde marchand. Il saisit la dictature du corps parfait, standardisé.

Il écrit : «Le prochain Messie, c'est le mec qui dira "Si vous me suivez, vous serez mince".» Nous y sommes. Il y a chez Yanne cette animalité. Ce n'est pas un hasard si Yanne aime citer Simenon : «Qu'on le veuille ou non, nous vivons tous avec une mémoire ancestrale qui date au moins de Cro Magnon.»

De la même façon, la vision de l'apocalypse automobile qu'anticipe Jean Yanne est prophétique. Cette civilisation dans laquelle notre temps est mangé par les transports, où nos corps quittent à peine nos véhicules... Sans avoir l'air d'y toucher ou de faire la leçon, Yanne saisit ce monde du tout-à-l'auto, du tout-à-l'ego. Mais, là encore, il n'est jamais donneur de leçons. Cette société de consommation et de plaisirs, il en jouit autant qu'il le peut. Il ne quittera jamais sa Porsche rouge. Il n'est pas question de fantasmer «un autre monde», mais juste de ne pas être dupe des dérives du nôtre. De le rendre vivable.

Sur le plateau de l'émission *La Joie de vivre*, Jean Yanne épingle avec brio les Poilus de 14, sa grand-mère, Hitler, les gauchistes… Il n'est jamais si bon qu'en direct.

LA SATIRE

Jean Yanne le répète souvent : on ne lui a jamais confié de programme de télévision qu'il anime seul. Mais, très tôt dans sa carrière, il est l'invité d'émissions qui le consacrent. Au début des années 70, c'est sur le plateau de La Joie de vivre, *émission présentée par Henri Spade et Jacqueline Joubert en direct du théâtre du Châtelet, qu'il revient sur sa carrière et reprend à son compte la formule de Beaumarchais :*

« Je me presse de rire de tout, de peur d'être obligé d'en pleurer. »

Une cruelle lucidité…

« Il y a, en ce moment dans le monde, beaucoup de choses tragiques. On dit toujours que les humoristes sont tristes. Les humoristes ne sont pas tristes. Simplement, ils réagissent. Alors, évidemment, comme ils voient mieux les choses, ils ont plus "d'oreille". Un peu comme les chefs d'orchestre, qui remarquent une petite altération tout au fond de l'orchestre, alors que le public ne l'entend pas. Et comme il se passe beaucoup de choses navrantes, ça devrait les rendre pessimistes. "Mon goût de la satire, ce n'est ni de la cruauté ni de la méchanceté, c'est juste cette capacité à observer ce que les gens remarquent mal, parce qu'ils n'ont pas le temps." C'est le rôle des humoristes de faire remarquer ce que les gens ne voient pas d'eux-mêmes. »

« Je suis le Saint-Bruyère, le Saint-Simon des temps modernes. »

Je te tiens, tu me tiens par la barbichette

Voici une interview de Yanne au moment de la sortie de Je te tiens, tu me tiens par la barbichette. *Un film de Yanne qui fustige la bêtise de la télévision. Des directeurs de chaînes décident de présenter les jeux les plus idiots possibles pour maximiser les audiences et faire ainsi passer des messages politiques. Le jeu le plus stupide étant « Je te tiens, tu me tiens par la barbichette ». Jean Yanne ou la satire tranquille.*

MAX-HENRI CABRIDENS. – J'ai revu récemment *Tout le monde il est beau, tout le monde il est gentil*, vous y attaquiez la radio, maintenant c'est la télévision. Est-ce qu'on peut dire que vous faites une étude de mœurs des milieux de l'audiovisuel, des médias ?

JEAN YANNE. – Non seulement je fais une étude de mœurs des milieux de l'audiovisuel et des mass media, mais je fais une étude de mœurs de notre civilisation. Je suis le Saint-Simon des temps modernes !

M.-H.C. – J'allais dire le La Bruyère.

J.Y. – Si vous voulez, à la fois Saint-Bruyère et Saint-Simon, parce que tout ce qui est contemporain m'excite comme un fou. Si je suis sérieux, ce qui est rare, je dirai que le jour où on voudra savoir ce qui se passait à notre époque et à notre siècle, on ne fera pas appel aux écrits ennuyeux. Ces écrits ennuieront encore plus dans trois ou quatre siècles. Les seules études de mœurs qu'on aura, ce sera à travers le cinéma, en particulier le cinéma comique. C'est avec le cinéma comique qu'on pourra vérifier ce qui se passait en 1990, comme on a pu comprendre, avec Molière, ce qui se passait dans le siècle de Louis XIV. C'est ça notre rôle. C'est de montrer les travers de notre époque, sous les aspects rigolos.

M.H.C. – Est-ce qu'il y a un côté inquiétant dans votre film par rapport à l'importance prise par la télévision ?

J.Y. – Le côté inquiétant, ce sont les excès de la télévision. Et la télévision est encore plus excessive que ce que je montre. C'est très inquiétant. C'est plus net et plus sensible quand on montre l'impact des journaux télévisés, l'impact des débats politiques, des discussions sociales. Mais on remarque moins que, sans en avoir l'air, les gens peuvent être rongés par d'autres choses tout aussi insidieuses : les variétés, la chanson, l'intox publicitaire... Je voudrais que les gens sortent de mon film en s'étant marrés, mais aussi avec un comportement différent quand ils regarderont à nouveau la télévision. Ça a toujours été ça, mon but. Je crois que, sans que ça change grand-chose, après avoir vu *Tout le monde il est beau*, pendant un court laps de temps les gens ont dit en écoutant la radio : c'est vrai ce que nous a dit Yanne. Et là, quand ils regarderont la télévision, ils diront : c'est vrai ce que nous a montré Yanne.

M.-H.C. – La barbichette, c'est un jeu. C'est un jeu télévisé qui n'existe pas encore mais qui existera certainement un jour.

J.Y. – *Je te tiens, tu me tiens par la barbichette* raconte l'histoire d'une télévision où on utilise les jeux les plus débiles pour avoir le plus d'écoute possible. Le jeu « Je te tiens, tu me tiens par la barbichette, le premier de nous deux qui rira aura une tapette » ne demande aucune connaissance en histoire, en géographie, en géologie, en sociologie. Il y a des jeux comme ça que les enfants pratiquent : un pou, une puce, une poule sur un mur. Bon, alors ces jeux sont des jeux débiles. C'est la satire d'une télévision qui pratique les jeux les plus débiles.

Plus le jeu est débile, plus l'audience
est forte. Et, plus l'audience est forte,
plus les patrons de chaînes
et les politiques peuvent manipuler
l'opinion publique.

« J'aimerais bien faire partie d'un jury Charlie Hebdo. »

Jean Yanne.

Jean Yanne : prix Goncourt ?

En 1969, Jean Yanne et Tito Topin font paraître le tome 2 de leur bande dessinée Voyage au centre de la culture. *Quoi de mieux comme canular bravache que d'envoyer leur livre aux jurys du prix Goncourt ? Ils débarquent même dans le fameux restaurant Drouant à l'heure de la remise du prix, provoquant une cohue monstre. Cette année-là, c'est Félicien Marceau qui est récompensé avec son livre* Creezy. *Jean Yanne fait la tournée des émissions pour faire part de son dépit. Alors que Jacques Chancel reçoit Félicien Marceau, Jean Yanne s'invite sur le plateau. Si la blague potache fait sourire, une nouvelle fois, Jean Yanne tape juste.*

JACQUES CHANCEL. – Jean Yanne, vous espériez vraiment avoir le prix Goncourt ? On finit par ne plus par savoir si c'est un gag, ou si c'est quelque chose de très sérieux ?

JEAN YANNE. – Oh ça n'a rien d'un gag. C'est tout à fait sérieux parce que, dans leur testament, les Goncourt disent bien que les jurés doivent récompenser une œuvre de « la jeunesse de l'esprit, une étude de mœurs évoquant un milieu dans ses véritables couleurs et ses véritables langages ». Mais il n'y a jamais eu de prix Goncourt en couleurs. Pour qu'il y ait un Goncourt en couleurs, il faut automatiquement que ce soit une bande dessinée, il n'y a que la bande dessinée. Nous avons présenté cet ouvrage au Goncourt uniquement pour savoir si le Goncourt était capable de donner ses lettres de noblesse à ce genre. La bande dessinée est un genre littéraire et graphique tout aussi honorable que le roman. Là, ils se sont dégonflés. Je dis qu'ils se sont dégonflés parce que vous vous doutez bien que, si nous nous sommes présentés au Goncourt, c'est parce que nous étions pratiquement sûrs de l'avoir. Mais bon, comme

Avec son «alter ego», son «frère» Gérard Sire, Jean Yanne ne recule devant rien. En paraphrasant Audiard on pourrait dire : «Les gens intelligents, ils osent tout, c'est même à cela qu'on les reconnaît.»

nous n'avons pas eu le Goncourt, nous allons nous tourner vers le Femina, nous n'avons rien à perdre, et ces dames ont tout à y gagner.

J.C. – N'êtes-vous pas allé trop loin ?

J.Y. – Je ne suis pas allé trop loin, non. Vous savez ce n'est pas très sérieux le Goncourt. Je ne dis pas du tout ça pour dévaluer la valeur de ce prix. Après tout, nous avons bu un petit verre de champagne avec Hervé Bazin… Vous savez, j'aimerais bien faire partie d'un jury Charlie Hebdo qui récompenserait la bande dessinée. Nous sommes des ardents défenseurs de *Charlie*, de *Hara Kiri*.

Plongée chez les Romains, chez les maréchaux d'Empire, chez les révolutionnaires de 1789... Jean Yanne aime ces anachronismes. Projeter nos angoisses contemporaines dans le passé.

« Liberté, Égalité, Choucroute »

Dans son dernier film, Liberté, Égalité, Choucroute, *Jean Yanne fait une parodie de notre époque à travers celle de la Révolution française. Il joue, une fois de plus, sur l'anachronisme. Comme avec les Romains, il fait se télescoper les époques. Il décortique dans l'émission* Les Étoiles du cinéma, *en 1985, les ressorts de son humour.*

Le présentateur. – Qu'est-ce qui vous a le plus excité dans ce film ? C'était d'imaginer un joyeux jeu de massacre, une fois de plus ?

Jean Yanne. – À aucune autre époque il n'y a autant de stars que dans la Révolution française : Mirabeau, Marat, Danton, Robespierre, Camille Desmoulins, Charlotte Corday. Sans parler de Louis XVI et de Marie-Antoinette. En plus, ce sont des gens qui ont tous des gimmicks. Ils ont tous quelque chose : Marat est un type qui se baigne dans une baignoire en forme de sabot, la reine ne s'occupe que de ses moutons, le roi fait de la serrurerie... Ils avaient tous un tic. C'est fantastique pour le cinéma.

LE PRÉSENTATEUR. – Est-ce que votre film n'est pas un travail de chansonnier, au sens noble du terme ?

JEAN YANNE. – On m'a dit que la chanson du film est très méchante pour le gouvernement. J'étais obligé de faire une chanson grinçante parce qu'il fallait qu'elle tienne le coup par rapport aux autres chansons de la Révolution.

Chanson du film
Liberté, Égalité, Choucroute

Ah ça ira, ça ira, ça ira !
Comme on en a marre du socialisme,
Ah ça ira, ça ira, ça ira !
On s'en ira tous aux USA !

Choucroute
Quand le populo fait la java !

Cette guillotine,
Quelle drôle de machine,
Ça vous coupe comme un gigot
Les vertèbres du haut du dos.
Guillotin, le type
Qu'a fait le prototype,
Dit qu'on doit sentir sur le coup
Qu'un léger souffle sur le cou,
Mais quand on zigouille
Les gens, quand on souille
L'idée même de liberté,
C'est l'pays qu'est guillotiné !

Ah ça y va, ça y va, ça y va !
Les gens qu'on tue et les principes,
Ah ça y va, ça y va, ça y va !
Oui mais la connerie, on la tue pas !

De Gaulle avec son «volapük», ses «258 fromages», ses «cabris», etc., est un feu d'artifice. Une source d'inspiration permanente pour Jean Yanne.

« De Gaulle, c'est plutôt le trop-plein »

Jean Yanne aime se nourrir de l'actualité, rebondir sur une grève, un scandale, un fait divers. Il travaille, écrit vite. Tout l'inspire. Le monde politique, comme celui des médias, sont aussi une source d'inspiration. Jean Yanne évoque cela chez Jacques Chancel.

«J'avais quitté la radio pendant un temps parce qu'il n'y avait plus rien à dire. Et quand on me demandait si je regrettais le temps de la radio, je disais non, pas du tout, parce que vraiment j'aurais été obligé de ramer, de chercher dans les vieux sujets, d'utiliser les vieux trucs. Et puis c'est vrai que l'arrivée du général de Gaulle a été une chose formidable. Toutes les semaines il y avait un mot d'auteur: il y avait le volapük*, il y avait ces gens qui grouillent, grenouillent, scribouillent... Alors, de nouveau, pour les sketchs que j'invente, pour les travaux d'aiguille que j'accomplis, il y a matière. Avec de Gaulle, c'est plutôt le trop-plein, là. Les humoristes, les chansonniers sont aidés.»

* *Langue artificielle comme l'esperanto évoquée par de Gaulle pour dénigrer une Europe intégrée sans vraies cultures nationales.*

Jean Yanne, comme Jacques Martin, n'a pas de « ligne rouge ». Mais ce n'est jamais un humour qui humilie, qui insulte. Ils n'ont aucune revanche, ni sociale ni familiale, à prendre.

Ne pas rire des faibles

Jean Yanne est rarement dans le registre de la confession. Encore moins dans celui de l'autocritique. Pourtant dans l'émission L'Invité du dimanche *qui lui est consacrée, il baisse le masque. Son regard, comme sa voix, changent pour laisser place à un Jean Yanne plus vulnérable qu'il n'aime à paraître.*

« Je ne vais pas avoir des remords parce que j'ai tapé sur un gouvernement, sur les militaires ou sur l'autorité. J'ai quelques remords parfois, parce qu'une phrase maladroite a fait de la peine. Notamment à des gens qui ont une petite infirmité ou à des gens qui ont eu un parent blessé, malade... Par exemple j'ai eu des remords à propos des histoires de fous. Je raconte de moins en moins d'histoires de fous parce que je reçois de plus en plus de lettres qui me disent: "Les fous sont des malades, et moi j'ai mon frère, ma sœur, mon fils, ma mère dans un hôpital psychiatrique." Si je suis en très petit comité, je suis capable de faire n'importe quoi pour faire un mot d'auteur. Mais il ne sortira pas de ce petit comité. Autrement, s'il y a un grand public, une grande audience, je ne m'attaque qu'à des choses ou à des gens importants. Et même moins qu'à des gens, à des sociétés, à des partis ou à des nations. Par exemple, j'ai fait un film sur les Chinois, car j'ai pensé que les Chinois étaient capables de se défendre. J'ai pas attaqué une petite communauté de la Creuse. J'ai pas attaqué quelques hippies ou quelques squatteurs. J'ai pas attaqué les petits groupes de gens qui se rasent la tête et qui se promènent en robe jaune dans les rues en faisant de la musique. J'ai attaqué la Chine, 800 millions d'habitants. Ils ont de quoi se défendre. J'ai vu moi des titres de journaux où on disait: "Yanne a fait trembler la Chine." Non mais, vous vous rendez compte ? Marco Polo avait pas réussi ça ! »

Jean Yanne sera un fidèle de l'émission du dimanche *Le Sacha Show*.
Au côté de Sacha Distel, il teste ses vannes.

**«Attention, Sacha Distel,
tu risques de faire hippie dans ta culotte.»**

***Dans* Le Sacha Show**

«Vanités Fair»

*Dans ses sketchs, dans ses films (*Erotissimo, Tout le monde il est beau, tout le monde il est gentil*), Jean Yanne s'amuse des dérives de la société de consommation. Dans ce sketch, extrait de l'émission* Quel jour sommes-nous?, *deux sans-abris sont assis sur un banc. L'un d'eux feuillette un journal qui avait été abandonné.*

– Oh ! Tu diras ce que tu voudras, Alphonse, mais ce Dior, c'est quand même un drôle de mec.

– À cause?

– À cause, à cause qu'il lance le New Look quoi.

– Tant que ça se mange!

– Ben dis, ça se mange pas, c'est une mode. *(Il lit.)* «Offensive New Look, les robes s'allongent, le bas des jupes à 23 centimètres du sol.» Faut qu'il soit drôlement gonflé.

– Faut pas pousser, avec les bonnes femmes, c'est toujours le même truc, un coup c'est long, un coup c'est court.

– D'accord, mais moi je te le dis, y aura quelques types qui vont pas fermer l'œil de la nuit. C'est la Révolution, mon pote, c'est comme à la Bourse. Imagine, t'as 2 ou 3 millions d'actions dans le pétrole. Tout à coup y a un incident à la frontière du Moyen-Orient, ça s'est déjà vu. Les banquiers disent: «Nous, on veut pas être dans le coup, on reprend nos billes.» Ben, t'es ruiné.

– Pourquoi tu me dis ça?

– C'est un exemple. Dans la mode, c'est pareil. Imagine le type qui a payé à sa femme toute une garde-robe, un manteau de fourrure, une robe de cocktail, un tailleur d'après-midi. Il se croit peinard pour deux ou trois ans. Tout à coup, t'as Dior qui arrive et qui dit «faut rallonger tout ça de 30 centimètres». La bonne femme ne veut plus sortir avec ses vieilles fringues. Eh ben, son mari doit lui repayer toute une garde-robe. C'est comme avec le pétrole, le v'la ruiné.

Fausses pubs

Dans un de ses derniers films qui se passe dans le monde de la télévision, Je te tiens, tu me tiens par la barbichette, *Jean Yanne écrit de fausses pubs. Si le film a vieilli, ces parodies sont, elles, prémonitoires. Yanne invente une forme qui sera reprise, des Inconnus à Coluche.*

GERSBASTOP

Mal au cœur?

"Gerbastop, la pastille qui ne sert que si on la suce. Merci, Gerbastop."

PÉDOSPRAY

My family a des problèmes, everybody pue des pieds.

(*La mère de famille vaporise du spray dans des chaussures, avant de s'asperger la bouche.*)

"Pédospray déodorant pour les doigts de pied, comme pour les dents."

TRAVELOT

Un travesti s'approche d'un kiosque à journaux «Je voudrais *Travelot*, s'il vous plaît.» Puis un deuxième: «*Travelot*, s'il vous plaît.» Et un troisième: «S'il vous plaît, j'en voudrais un aussi.» On entend un petit garçon: «Je voudrais *Travelot*, s'il vous plaît.» Réponse de la marchande de journaux: «Mais t'es trop petit pour acheter ça.» Le petit, désignant un élégant travesti:

«C'est pas pour moi, c'est pour mon pap.»

Alors que (presque) toutes les familles s'équipent d'une automobile, les Français découvrent les joies du permis de conduire. Cela va inspirer à Yanne un de ses sketchs les plus connus.

LA BAGNOLE : UNE PASSION FRANÇAISE

L'apocalypse est pour demain

Plein emploi, pleine croissance, la France des années 60 découvre la consommation. Désormais, pour réussir sa vie, il faut posséder. La bagnole devient le nouvel emblème de la réussite sociale. Claude et Georges Pompidou s'affichent avec leur Porsche 356, le futur président aime les excès. Les Français aussi, à l'image de Jacques Martin qui se confie sur le plateau de l'émission Aujourd'hui Madame *: « Je viens d'avoir un accident, je ne roulais pourtant qu'à 200 km/h. » La liberté entravée par l'inconscience, les drames viennent endeuiller les familles qui pleurent leurs morts sur les routes. La pièce satirique maîtresse de Jean Yanne, c'est le feuilleton radio* L'apocalypse est pour demain ou les Aventures de Robin Cruso, *écrite avec son alter ego Gérard Sire.*

« Avec Gérard Sire on avait décidé de faire un feuilleton. Mais évidemment, le feuilleton on l'écrivait au jour le jour. Gérard était un génie de la plume, il attaquait à 7 heures du matin et à 8 heures il avait déjà fait son scénario. Moi, j'étais plus laborieux, je commençais vers 15 et il fallait que ce soit fini pour 16 heures, je partais dans toutes les directions. Je ne sais pas si on était visionnaires. Mais c'est vrai qu'on parlait d'une civilisation remplie de gens dans les voitures. Il y avait ce personnage de Grand Organisateur dont le boulot était "de bétonner par couches successives".

Quand il trouvait qu'il y avait trop de voitures, les bétonneuses arrivaient et recouvraient tout ça. »

« Tous les tabous étaient renversés et piétinés. »

La France des Trente Glorieuses
découvre la passion de la bagnole.
Symbole de modernité ? Peut-être.
Mais Jean Yanne y voit déjà pollution
et carnage sur les routes.

Le futur selon Yanne : rouler, rouler sans fin.
N'avoir plus de temps pour aimer, échanger, se rencontrer. Vivre et mourir dans sa bagnole.

Le futur selon Yanne

Yanne a toujours été obsédé par la montée en puissance des automobiles. Même s'il n'est pas à un paradoxe près, il n'abandonnera sa magnifique Porsche rouge que pour une Mercedes bordeaux et un gros 4x4 écrase-cageots. Le feuilleton apocalyptique de Jean Yanne, Robin Cruso, *défraya la chronique lors de sa diffusion sur France Inter d'octobre à décembre 1977. L'aventure commence dans un monde où les hommes ne sont plus que des automobilistes rivés à leur volant au sein d'un perpétuel et gigantesque embouteillage.*

« Les sirènes venaient de retentir, marquant l'arrêt momentané du combat, et les voitures se groupèrent, selon un ordre rigoureux, devant l'écran de télévision géant. Les Programmes défoulants allaient commencer. Les Programmes défoulants avaient été mis au point lorsque la circulation n'avait plus permis aux automobilistes de s'arrêter dans les débits de boissons. Au cours des siècles, les hommes avaient pris l'habitude de vider leur

cœur le soir, devant les comptoirs des bistrots. Toutes les phrases qu'ils prononçaient commençaient alors par "y a qu'à..." ou par "moi, à leur place...", ou encore par "c'qui faudrait c'est...". Mais le règne des conversations de cafés était terminé, d'où la nécessité de Programmes défoulants.

Dans ces programmes, tous les tabous étaient renversés et piétinés. Le spectacle commença par un défilé d'Anciens Combattants à bérets basques et jambes de bois, qui dansèrent la danse du feu autour de la flamme du Soldat inconnu. Autour de moi, certains automobilistes commencèrent à s'agiter. Les uns criaient: "Assez!" "Scandale!" Les autres hurlaient: "Bravo! Bien fait!" Le défoulement prenait corps.

La suite de l'émission nous montra successivement: des phoques qui déchiquetaient des bébés lapons, puis une corrida où des toréadors attachés sur des panneaux de bois étaient embrochés par des taureaux. Des taureaux qui, eux, étaient ficelés sur des chariots, guidés par des rails. De telle sorte que ces animaux ne puissent dévier de leur route, afin que les cornes pénétrassent bien et profondément dans les abdomens hispaniques.

Les conducteurs aimant les animaux poussaient des cris de joie.»

«Une course de culs-de-jatte fut suivie par un combat de manchots portant chacun une couronne d'épines, et qui tentaient de se griffer mutuellement le torse avec leurs têtes.

Puis, le Grand Rabbin et le Grand Mufti de Jérusalem jouèrent une saynette du *Marquis de Sade*, avec une jeune fille prostrée dans un fauteuil roulant.»

Disposer d'une voiture, d'une radio, d'une TV…
le fantasme absolu de cette France de l'après-guerre.

« Ponce Pilate déclare que par mesure d'économie, on peut très bien crucifier les gens à 50 centimètres du sol, ce qui est aussi efficace qu'à 4 mètres, et permet de ne pas gaspiller le bois. Les anticléricaux éclatent de joie, défoulés pour plusieurs jours, tandis que les autres se voilent la face, et se roulent sur les tapis de leurs véhicules en mordant les coussins et en criant :

"Monseigneur Lefevre ! Monseigneur Lefevre !" »

Le Grand Druide Défouleur

«Le Programme s'acheva sur un appel du Grand Druide Défouleur. Le Grand Druide Défouleur était l'organisateur de ces spectacles. Il invita les spectateurs à écrire ce qu'ils pensaient de ce qu'ils venaient de voir. Des hôtesses, circulant en chariots électriques, distribuèrent des feuilles de papier, et chacun se mit fébrilement à écrire une lettre, injuriant le responsable du programme qui lui avait déplu. Les conducteurs avaient tous les yeux exorbités, la bave aux lèvres et étaient agités de tremblements hystériques. Lorsque les lettres furent terminées, les hôtesses les ramassèrent et allèrent les jeter dans des paniers codificateurs où elles furent transformées en fiches perforées. Les ordinateurs se mirent à fonctionner. En quelques secondes, les trois responsables des programmes dont les noms avaient été les plus cités par des spectateurs mécontents furent repérés, et leurs noms s'inscrivirent sur l'écran géant. Le Grand Druide Défouleur réapparut. Les trois responsables étaient à ses côtés. Le Grand Druide leur fit un signe. Ils posèrent leurs têtes sur un billot, une hache s'abattit, la foule explosa littéralement de bonheur ! Encore une fois, la télévision avait joué son rôle : défouler l'Homme. »

(Musique du générique de fin.)

« Eh ben, vous parlez d'un défoulement ! Notre héros ne va-t-il pas y laisser sa santé si ça continue ? Vous le saurez en écoutant le prochain épisode de notre feuilleton, destiné à vous faire comprendre ce que sera votre vie future : "L'apocalypse est pour demain ou les Douloureuses, Curieuses et Savoureuses Aventures de Robin Cruso". »

Robin Cruso au pays de la bagnole

Jean Yanne adaptera ce feuilleton en roman : Robin Cruso. *Il est invité en 1977 par Bernard Pivot sur le plateau d'*Apostrophes.

BERNARD PIVOT. – Vous anticipez une société terrible, apocalyptique ?

JEAN YANNE. – C'est une société mondiale, on peut croire que ça se passe en France parce que le pays est dirigé par le préfet de police. La civilisation automobile a pris un essor considérable et on s'aperçoit bien vite que le préfet de police n'est pas seulement le maître de la France, mais le maître du monde. Et le préfet est en réalité un mannequin de plastique qui parle avec un magnétophone.

Le héros, Robin Cruso, en a pour environ quinze jours pour rejoindre sa place de parking, et quand il est arrivé à sa place de parking, il en a pour environ quinze jours pour aller à son lieu de travail où il ne travaille qu'une demi-heure par mois. Les syndicats ont obtenu qu'il ne travaille qu'une demi-heure par mois. Puisque le reste de son temps est consacré à conduire. Ces gens roulent sans arrêt parce qu'ils n'ont plus rien, ils n'ont plus de maison, ils n'ont plus rien, ils vivent, ils naissent, ils meurent dans les voitures. Il y a des parkings de fiançailles, des voitures confessionnales, le culte continue à s'exercer.

Ces gens-là sont menacés de destruction, il faut bien les détruire pour fabriquer de nouvelles voitures.

B.P. – « Les volants seront creux et contiendront du plasma. La manette du clignotant pouvant se transformer en aiguille à perfusion. La colonne de direction contiendra un cœur de plastique. » Qu'est-ce que vous avez voulu dire avec ce livre ? Vous ne pouvez pas supporter les automobilistes ?

J.Y. – Non, c'est pas vraiment contre les automobiles. C'est simplement qu'il me semble que la civilisation est menacée. Tout le monde croit qu'elle est menacée par les grandes catastrophes : par la guerre atomique, par la pollution, par l'endoctrinement militaire… Mais les gens ne voient pas que la folie commence au niveau de la voiture. Les gens se détestent et sont prêts à retomber dans la folie, simplement parce que, depuis l'âge de 5-6 ans, les gosses sont dans les voitures, habitués à la haine, à la colère, au stress, à la folie. On perd la boule avec cette histoire de voiture. Bien sûr, on me dira qu'il y a d'autres choses qui rendent fou : l'audiovisuel qui lave le cerveau, les discours politiques, les meetings, la presse, l'information... Mais les gens sont énervés par la voiture tous les jours. Par exemple, les gens se rendent compte de l'inégalité immédiatement, dès qu'ils circulent en voiture. Vous avez par exemple un milliardaire qui a une immense propriété, et une famille modeste de travailleurs immigrés qui habite un taudis. Mais généralement, et je dis pas que c'est bien, la belle propriété du milliardaire se trouve loin du taudis. Tandis que là, un travailleur immigré a une vieille caisse pourrie qui tombe en ruine, tandis qu'à côté de lui passe une Rolls qui coûte 18 millions ou 20 millions. Le gosse de l'immigré il dit: «Pourquoi il a une voiture comme ça, celui-là?» Surtout si on lui enfonce une aile et si le milliardaire descend et file deux tartes à la gueule à son père en lui disant: «C'est bien fait pour toi, t'es qu'un bougnoule.» **Par conséquent, la voiture est le premier endroit où l'enfant doit prendre conscience que ça ne va pas très bien.**

Faux-cul, Jean Yanne ? Il ne cesse de conspuer la dictature de la bagnole et roule en Porsche.

Pour son film *Week-end*, racontant la dérive d'un couple dans l'enfer des encombrements, Jean-Luc Godard choisira Jean Yanne. C'est un de ses premiers rôles au côté de Mireille Darc.

Sur la route de Godard

Les cinéastes de cette époque s'emparent de ces tragédies qui deviennent les sujets de leurs films. Carnages chez Godard, avec son film Week-end, Le Grand Embouteillage *de Comencini,* Les Choses de la vie *de Sautet. Mais chez Jean Yanne, la voiture est depuis toujours un prétexte satirique. Acteur, il ne choisit pas ses rôles au hasard, il revient sur sa rencontre avec Godard et sur le film* Asphalte *au côté de Carole Laure.*

QUESTION. – Vous vous rappelez le tournage de *Week-end* avec Godard dont on a beaucoup parlé. Godard, c'était un réalisateur facile ou compliqué ?

JEAN YANNE. – Je me suis très bien entendu avec lui mais j'avais pris le parti, dès le début, d'être docile car l'aventure Godard m'intéressait. Je dis toujours à qui veut bien l'entendre que je n'aime pas beaucoup faire l'acteur. Et c'est vrai, ce n'est pas ce que je préfère dans les différentes disciplines du spectacle. Mais quand je fais l'acteur, ça m'intéresse de regarder la façon dont travaille le metteur en scène. Pas pour enrichir mon jeu d'acteur mais pour voir les différences par rapport à ce que je fais quand moi je mets en scène. Godard fait partie de ces metteurs en scène importants dans le cinéma. Mon expérience avec Godard a été déterminante, et c'est peut-être ce qui m'a donné envie de me lancer.

JEAN YANNE. – Au départ, Godard voulait que ça s'appelle *Week-end ou l'Odyssée*. L'odyssée d'un couple qui traverse des événements bizarres. Le tout transposé en 68. C'est un peu Ulysse rencontrant les Cyclopes, avec en plus la satire de la folie qui s'empare des gens qui prennent leurs voitures pour partir en week-end.

QUESTION. – Et le film *Asphalte*, c'est aussi un film qui se passe sur les routes, la civilisation automobile est à la mode. Pour une fois, Jean Yanne, vous jouez un personnage qui n'est pas antipathique.

JEAN YANNE. – Pour une fois je suis gentil.

QUESTION. – Mais ça commence mal, je crois, vous rencontrez Carole Laure de façon pittoresque ?

JEAN YANNE. – En réalité, le film c'est « Carole Laure au pays des bagnoles », ça devrait s'appeler comme ça, ce sont les aventures de cette pauvre femme sur les autoroutes, à la fin je percute sa valise... C'est un film mouvementé, ça se passe le 31 juillet. Et le 31 juillet, il y a 400 morts et 800 blessés !

Dans ce sketch, deux chauffeurs de taxi romains se prennent le bec. «Les Romains fonctionnaient vraiment comme nous, beaucoup plus que les hommes du Moyen Âge», affirme Jean Yanne.

« Arrête ton char, Ben Hur ! »

« Pour préparer mon film *Deux Heures moins le quart avant Jésus-Christ*, j'ai lu *La Vie quotidienne à Rome à l'apogée de l'Empire* de l'historien Carcopino qui a planché sur tous les auteurs latins. Et j'ai été très étonné de voir que les Latins fonctionnaient vraiment comme nous. Beaucoup plus que les gens du Moyen Âge, beaucoup plus que les Trois Mousquetaires, par exemple. Parce que la période moyenâgeuse française était une période qui avait perdu beaucoup de choses que les Romains connaissaient déjà. Les Romains, ils connaissaient les allumettes, ils avaient des problèmes avec leurs enfants. Par exemple, Juvénal reproche aux jeunes gens de fumer du hasch, ou en tout cas de fumer du kif ou l'équivalent, quelque chose de pas bien, quoi... Ils avaient des problèmes d'encombrement dans les rues, il y avait des engueulades entre les conducteurs de taxi qui existaient à Rome, bien qu'il n'y ait pas de compteurs kilométriques, mais enfin les gens se louaient leur char. Et comme la voirie n'était pas en bon état, les chars étaient abîmés, il y avait des garagistes. »

«Obtenare ton permissionem de conductare par pistonem ?»

Dans un de ses sketchs fameux, Jean Yanne et Paul Mercey, déguisés en Romains chacun sur son char, se bloquent le passage. Jean Yanne tourne en dérision ce qui rend nerveux la majorité des Français dans leur vie quotidienne : la circulation. Le tout dans un sabir influencé par un latin de cuisine.

JEAN YANNE. – **Eeeh Ben Hur !**
PAUL MERCEY. – **Que dicem ?**
J.Y. – **Et avancum eh ringardum avec tuam taxi de mes fessum !**
P.M. – **Oh minutum pater ecrasem.**
J.Y. – **De quoim, repetum ? Osam repetare !**
P.M. – **Non mais, je n'aimerais pas repetare, non mais desfoim ! Obtenare ton permissionem de conductare par pistonem ou dans unum pochetum surprisum ?**
J.Y. – **Ooooh tu as intererarem a bouclarem, hein ? Si anus descendum fichus coup de pompum dans les michum !**
P.M. – **Oh provocationem.**
J.Y. – **Oh ouais mon potum.**
P.M. – **Pas bougeom.**
J.Y. – **Refusare avançam ?**
P.M. – **Refusare.**
J.Y. – **Cherchum la bagarrum !**
P.M. – **Oh tienus fumus c'est du belgeum.**
J.Y. – **Insultam ?**
P.M. – **Oh ecrasum.**
J.Y. – **Oh tienus** *(il donne un coup de char)*.
P.M. – **Vade retro satanas adememboutis pare-choqum.**
J.Y. – **Ahaha avenus prevenus. Cherchum la bagarrum.**
P.M. – **Meritare prisonem grainus d'assassinum ! Appelare flicum.**
J.Y. – **Ah flicum hein ? Appelare flicum... Degonflem ! Deballonus !**
P.M. – **Agentus temoinem ! Imbecilum enfoncem pare-choqum.**
J.Y. – **Conduit juste comme un manchum !**
P.M. – **Faisum exprem.**
J.Y. – **Mais bouchum la rue avec son gros ventrum.**
P.M. – **Oh attentionem, repetum !**
J.Y. – **Gros ventrum !**
P.M. – **Repetum !**
J.Y. – **Gros ventrum !**
J.Y. – **Oh rigolam appellare flicum ! Flicum flicum ! Flicum venus, 1 000 ballus dans le foinum. Ohohoho. Oh merdum** *(en regardant son char)*, **crevam.**

« Décapitons les gendarmes »

Dans ce sketch, Yanne joue le rôle de l'ingénieur en chef d'un prétendu Centre des interventions routières. Un centre censé venir en aide aux automobilistes dont il explique le fonctionnement à Jacques Martin.

JACQUES MARTIN. – Monsieur Largou Vericel, vous êtes ingénieur en chef du Centre national des interventions routières. Voulez-vous nous dire pourquoi celui-ci a été créé ?

JAEAN YANNE. – Voyez-vous, cher monsieur, les chiffres sont formels. Il y a en France 746 859 accidents par an, et ces accidents durent en moyenne 2 minutes. Ce qui nous fait donc un 1 493 718 minutes perdues en accident, soit 24 895 heures, soit 1 037 jours 7 heures 18 minutes ou 2 ans 307 jours, n'est-ce pas ? Mais, parallèlement, il y a en France, infligées chaque jour, 3 695 986 contraventions et ces contraventions font perdre 10 minutes à l'automobiliste sanctionné. Ce qui nous fait donc 36 959 860 minutes perdues. Soit 615 984 heures 20 minutes, soit 7 ans 116 jours 20 minutes. Alors là les chiffres parlent d'eux-mêmes, n'est-ce pas. Nous avons d'un côté 7 ans 116 jours 20 minutes perdus à cause des contraventions, contre 2 ans 307 jours perdus à cause des accidents. Conclusion, si on veut améliorer la circulation, il faut lutter non pas contre les accidents, mais contre les contraventions. Et par voie de conséquence, contre ceux qui les donnent. Donc si nous voulons améliorer la circulation en France, il faut lutter contre la police, les gendarmes.

J.M. – C'est évident, mais comment ?

J.Y. – Ça, c'est notre plus belle invention, ça c'est « l'effaceur de bande jaune ». Alors, comme vous le voyez, à l'avant du véhicule se trouve un appareil qui efface la bande jaune avant que la voiture ne roule dessus. Ce qui fait que l'automobiliste ne se trouve jamais en infraction. Et à l'arrière du véhicule se trouve un second appareil qui restitue la bande jaune à gauche de la roue, ce qui fait que celle-ci se trouve toujours à l'intérieur de la bande, donc dans la légalité. Et ça c'est un appareil qui agit directement sur le gendarme. Vous voyez ? C'est le sabre à gendarme *(on voit un sabre qui décapite un gendarme)*. Regardez, inutile de commenter son résultat. Nous avons un second appareil qui est un peu plus compliqué mais qui ne peut s'appliquer que lorsqu'il y a plusieurs gendarmes. C'est « la faux à gendarme », voyez l'objet qui sort, l'automobiliste a actionné son engin, et voici le résultat *(plusieurs gendarmes sont décapités)*.

J.M. – Je vous remercie.

Une des obsessions de Jean Yanne : doubler les flics, les gendarmes.

**Dans ce sketch,
il invente avec son compère Jacques Martin
« l'effaceur de bande jaune ».**

TAXI
LIBRE
TAXI

18429

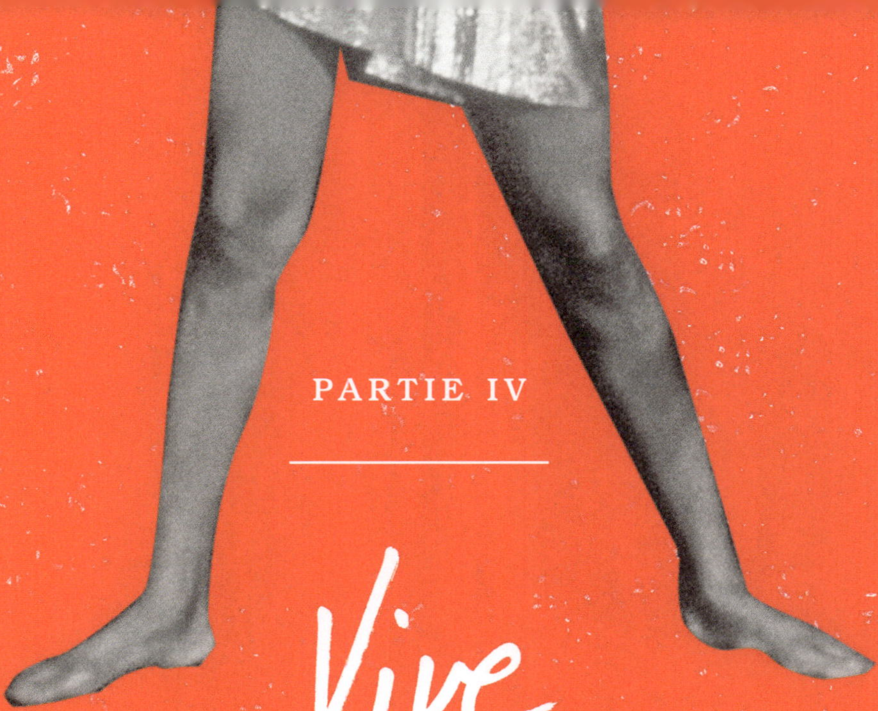

PARTIE IV

Vive les femmes

UN SI TENDRE, SENSIBLE MISOGYNE

Les femmes ont sans conteste été une des grandes affaires de la vie de Jean Yanne. Il a pour elles un goût profond. Dès ses premières années à Paris, le jeune Yanne termine ses nuits à séduire comédiennes et strip-teaseuses… Lui qui aime manier la langue, il cite volontiers Voltaire: «Les femmes c'est comme les lapins, c'est par les oreilles qu'on les attrape.» Dans la biographie de son plus proche ami, Gilles Durieux, plusieurs femmes témoignent de sa sensibilité, de sa sensualité. Il se dégage de cet «amant redoutable [sic]» une virilité, une animalité brute. Yanne confie: «Je passe pour un être indiscipliné, c'est faux. Je suis très obéissant, mais je n'obéis qu'à mes instincts les plus bestiaux.» Même si Yanne, pudique, secret, ne se vantera jamais d'être un homme à femmes. Georges Simenon disait: «J'ai voulu connaître l'homme nu. Et ce sont les femmes qui m'ont éduqué.» Yanne pourrait signer. Dans ses sketchs ainsi que dans ses films, les femmes ont pourtant rarement la part belle. C'est un monde d'hommes où les «bonnes femmes», comme il les surnomme, comptent pour rien. Yanne ne s'est jamais défait de cette vision très archaïque. En pourtant, dans la vie privée il va choisir des femmes de caractère, intenses, passionnelles, loin de l'image de la femme qui transparaît dans son travail. Cela bien avant 68, dans une France encore très conventionnelle, Yanne défend une vision moderne du couple. Il va théoriser, avant même Sartre et Beauvoir, le «couple libre».
À partir du moment où l'on se respecte, où les libertés sont réciproques, le couple se donne le droit d'être volage. Il n'a aucune illusion sur le mariage bourgeois. Dans l'un de ses scénarii, il reprend une citation du Deuxième Sexe *de Simone de Beauvoir: «Entre les femmes qui se vendent par le mariage et celles qui se vendent par la prostitution, il n'y a pas de différence.» Lorsque Jacques Chancel lui demande lors d'une interview: «Jean Yanne, vous êtes fidèle, bien sûr?» Il répond avec une franchise déroutante pour l'époque, devant un Chancel médusé: «Non!» Lucide, Jean Yanne l'est aussi sur la façon dont la publicité fait du corps de la femme un objet. Une érotisation systématique pour vendre des savonnettes. Dans un de ses premiers films* Erotissimo, *qui moque les consommateurs gogos, le marketing débile, un publicitaire invente ce slogan pour une nouvelle huile de cuisine: «Elle est jeune, elle est pure, elle est excitante et surtout, elle est vierge!» Avec un flair infaillible, Yanne dénonce avant tout le monde cette dictature du corps parfait qui règne sur notre époque. Mysogine Yanne? Sans conteste, mais libérateur aussi.*

«Vous avez dit "Homme à femmes"?»

«Est-ce que je suis séduisant? Je ne sais pas. C'est plutôt aux dames de le dire! En tout cas, je n'aime pas mes grosses mains velues. On dirait des mygales…»

FRANÇAISES : LES DRAGUER…

Jean Yanne a passé sa vie « avec les dames ». Pudique mais très coureur, il terminait souvent ses nuits avec des danseuses, femmes de petite vertu. Sans parler des officielles. Le scénariste de Êtes-vous fiancée à un marin grec ou à un pilote de ligne ? *revient sur l'art et la manière de draguer les petites Françaises.*

Tous les hommes ont besoin d'une phrase pour aborder pour la première fois une dame. Si je devais donner des cours (même si je ne suis pas un spécialiste de drague), je dirais que, pour attirer leur attention, il ne faut pas dire :

« Vous savez que vous êtes mignonne ! » Si on commence comme cela on se prend une tarte. Moi je commence par cette phrase « Êtes-vous fiancée à un marin grec ou à un pilote de ligne ? ». Là, la fille est étonnée, et crac.

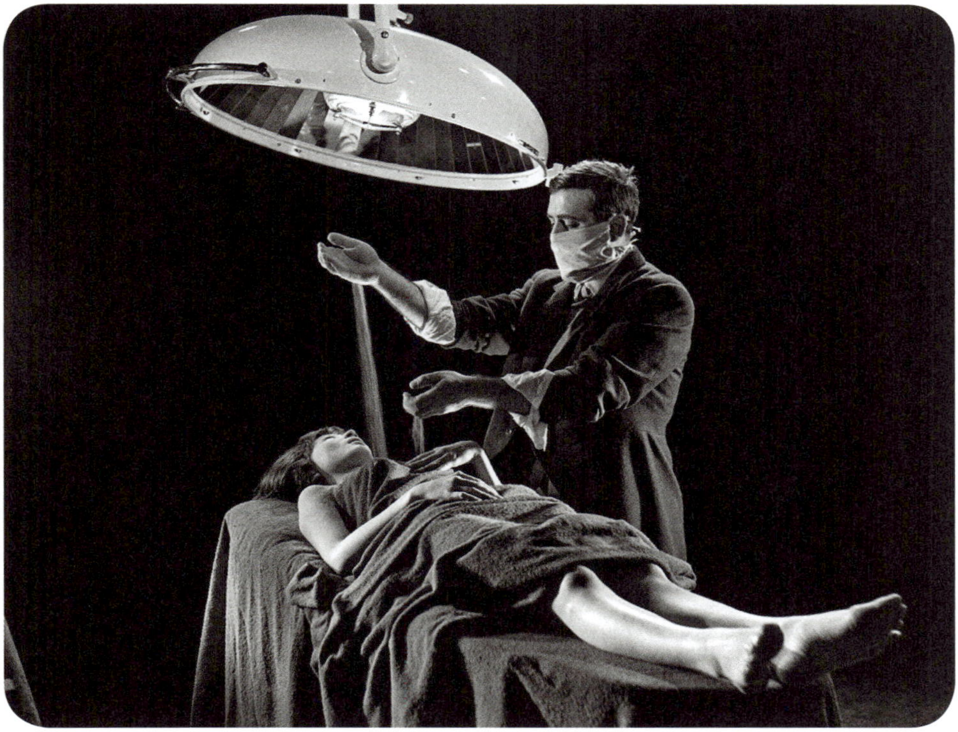

Comment « hypnotiser une femme » ? Dans ses nombreux sketchs sur la drague, Yanne s'en donne à cœur joie. Il connaît son affaire. Il pourrait reprendre la maxime de Voltaire : « Les femmes c'est comme les lapins, c'est par les oreilles qu'on les attrape. »

La sève monte

Le présentateur. – La sève monte, et plus d'un s'interroge : comment sacrifier au rite de l'amour ?

Jean Yanne. – Comment draguer les filles ? Et qu'est-ce que la drague ? Draguer, c'est arriver à intéresser, par des moyens ingénieux, une femme à votre sort. Il y a mille façons de s'y prendre…

Un homme à l'oreille d'une femme. – Mademoiselle je ne vous connais pas, mais vous êtes… *(elle le gifle).*

J.Y. – De la plus simple… à la plus compliquée *(scène d'un homme qui tend un panneau où il est inscrit « Je vous aime », à une scène où une femme est littéralement prise et emprisonnée dans ses filets).* Une chose est certaine, le dragueur doit attirer l'attention. Alors il peut utiliser pour ça quantité de moyens. Il peut jouer les rigolos. Les filles adorent ceux qui les font rire. Il ne faut pas dire que la drague ne marche pas avec toutes les femmes, c'est faux. Si parfois ça rate, c'est que le dragueur s'y est mal pris. Alors nous allons vous donner quelques conseils. Dans les romans d'amour, le jeune homme idéal emploie toujours un langage extrêmement châtié, alors que le traître aurait plutôt tendance à vulgariser.

Un homme *(debout devant une femme assise dans un fauteuil).* – Mais c'est parce que j'avais envie de vous *(il lui saute dessus, elle crie).*

J.Y. – Vous avez vu, ça c'est le traître. Ça peut pas marcher. Alors voyons l'autre, maintenant.

L'autre homme *(assis par terre devant la femme dans le fauteuil).* – Barbara, vous êtes merveilleuse. Auprès de vous, j'ai le cœur qui bat comme celui d'un enfant devant un arbre de Noël.

Barbara. – Oh Jean !

J.Y. – Vous avez saisi l'annonce ? Les femmes recherchent toujours dans la vie un héros de roman. Alors choisissez-vous une profession séduisante, dites par exemple :

Un autre homme (Jacques Martin). – Je suis toubib. Oh pas un grand spécialiste… Je suis médecin de campagne. La maladie et moi, on se bat au corps à corps.

« Comment décrire Camille »

Comment décrire Camille
Qu'a ni cul, ni seins, ni dos ?
On dirait une chenille
Ou un dessin de Picasso
C'est comme un intestin grêle
Avec une tête au milieu,
Un gros triangle isocèle
Boursouflé jaune et visqueux.
Chaque nuit avec Camille,
Je m'envole vers les cieux,
Je suffoque et m'écarquille,
Je plane, je suis heureux.
C'est vraiment l'apothéose
Des voluptés de l'amour,
Mais la meilleure des choses
Ne peut durer toujours !

«Ces dames», comme dit Yanne, auront occupé une large place dans sa vie. Comédiennes, danseuses et mannequins l'auront accompagné de ses 15 ans jusqu'à la fin.

Jean Yanne et Jacques Martin s'amusent dans ces échanges à des petits cours de séduction.

Chercher l'âme sœur

L'HOMME (Jacques Martin).

– Je vis solitaire dans la brousse. Je ne connais que la forêt avec ses arbres séculaires. Bien sûr, de temps en temps, l'accent d'un tam-tam vient rythmer le continuo de ma solitude.

LA FEMME. – Oooh !

J.Y. – Ça, c'est dans la poche !

(Même scène, mêmes personnages.)

L'HOMME (Jacques Martin).

– Je suis écrivain. Oh, bien sûr, ce n'est pas un métier, c'est autre chose. Je vends des milliers et des milliers de livres. Seulement, où est-il ce poème que j'écrirai un jour avec des mots qu'elle seule pourra comprendre ?

LA FEMME. – Ooooh !

J.Y. – Ça, c'est dans la poche ! Ah, évidemment, ces professions exigent la connaissance de certains termes techniques. Mais il y a un truc qui marche chaque fois, c'est le coup du pilote de ligne.

Smoking, cocktails, beaux parleurs... Jean Yanne parle d'un temps où «adopteunmec.com» n'existait pas. Les hommes, ces ignobles machos, devaient draguer.

Le commandant de bord

Dans un bar chic, le barman sert une femme assise au comptoir, un homme s'approche d'elle et, sans lui laisser le temps de s'écarter, lui fait la bise.

L'HOMME. – Monica, excuse-moi, je ne t'avais pas reconnue !

LA FEMME. – Mais enfin, monsieur !

L'HOMME. – Quoi, tu m'appelles monsieur à présent ? Sacrée Monica ! Alors, tu es heureuse en Amérique ?

LA FEMME. – Écoutez, monsieur, je ne comprends pas, je ne m'appelle pas Monica et je ne connais pas l'Amérique.

L'HOMME. – Mais c'est impossible !

LA FEMME. – Mais si.

L'HOMME. – Toutes mes excuses, mademoiselle. Quelques mots d'explication si vous le permettez. Je me présente, Arsène de Saint-Pérès, commandant de bord à Air France. 14 000 heures de vol, dont 11 heures en double commande. J'avais rendez-vous ici avec une charmante personne que j'avais connue à l'escale de San Francisco. Vous lui ressemblez tellement, peut-être que je me suis mépris. Je vous renouvelle mes excuses.

LA FEMME. – Je vous en prie, ça peut arriver !

L'HOMME. – Pardon, vous n'auriez pas l'heure ? Ma montre marche encore sur le méridien de Bangkok.

LA FEMME. – Mais certainement, il est 8 h 30.

L'HOMME. – Ah oui, j'avais rendez-vous à 7 heures. Une heure de retard. Tant pis, il était dit que je dînerais seul et à Paris.

À l'époque, les jeunes premières avaient pour nom Mireille Darc, Annie Girardot, Françoise Fabian…

Remarquez, j'ai l'habitude. Les femmes n'aiment pas ceux qui font mon métier.

LA FEMME. – Oh, ne dites pas cela.

L'HOMME. – Je sais ce dont je parle, on est voué à la solitude, que ce soit à Shanghai ou ailleurs. On s'amuse des oiseaux migrateurs que nous sommes, mais on ne s'y attache pas.

LA FEMME. – Mais non.

L'HOMME. – Vous semblez connaître le coin, il y a un bon restaurant par-là ?

LA FEMME. – Moi je dîne aux Flamants roses. C'est charmant !

L'HOMME. – Dois-je comprendre que vous êtes seule vous aussi ? Puis-je dans ce cas vous inviter à dîner ?

LA FEMME. – Oh, je ne sais pas si je dois.

L'HOMME. – Ah si si, j'insiste. Je dirais même mieux, je l'ordonne. Ah c'est le commandant de bord qui vous parle. Allons, allons, quittons ce tarmac, prenons le cap et volons en direction du restaurant !

LA FEMME. – Je ne comprends pas très bien !

L'HOMME. – Ah c'est vrai, j'oubliais que vous n'étiez pas du métier. Venez, je vous expliquerai en route.

JEAN YANNE. – Et voilà, ça aussi, c'est dans la poche ! Il lui a fallu deux minutes, montre en main, pour enlever l'affaire. Remarquez, dans les bars c'est facile, le plus dur c'est dans les dancings. Là il faut savoir engager la conversation.

«J'aime les filles de chez Régine, j'aime les filles des magazines, j'aime les filles à papa…»
Yanne, comme Dutronc, a un truc extra.

La danse

(Dans un dancing, un couple enlacé.)

L'HOMME *(à la femme)*. – Vous venez souvent ici ?

JEAN YANNE. – Oh non, vous allez la faire rigoler si vous l'attaquez comme ça quoi, hahaha. Trouvez autre chose !

(Il s'approche d'un autre couple qui danse.)

L'AUTRE HOMME – Ça fait longtemps que vous venez ici ?

J.Y. – Mais non, c'est pas meilleur ça, mon vieux, soyez original un petit peu quoi !

(Il s'approche d'un autre couple.)

L'HOMME. – Moi, c'est la première fois que je viens ici.

J.Y. – Oh, vous êtes vraiment pas fortiche, hein, poussez-vous, je vais vous montrer. Voilà comment il faut faire *(il prend la femme dans ses bras pour danser)*. Aïe !

LA FEMME. – Mais qu'est-ce qu'il y a?

J.Y. – Ben vous m'avez marché sur les pieds. Enfin, ça fait rien quoi. Il vaut mieux que ce soit vous que moi, parce que moi avec mes 88 kilos...

LA FEMME. – 88 ?

J.Y. – Ouais, 88 kilos, 1 m 82, 107 de tour de poitrine, 33 de tour de bras, 46 de tour de cuisse.

LA FEMME. – Et vous faites du sport?

J.Y. – Du golf.

LA FEMME. – Du golf...

J.Y. *(en aparté)*. – Le golf ça marche à tous les coups, ça vous place dans la catégorie du duc d'Édimbourg. Le golf, c'est très important. Tenez, petit, continuez.

(Jacques Martin reprend sa place auprès de la femme.)

JACQUES MARTIN. – Enfin, je fais du golf quand j'en ai le temps, parce qu'avec 400 bonshommes à commander.

LA FEMME. – Oh, 400 !

J.M. – Oui, moi j'ai la succursale, Papa s'occupe de la maison mère à Paris.

LA FEMME. – Ah, vous êtes industriel !

J.M. – Oui.

LA FEMME. – Il est étonnant de vous voir venir dans un endroit pareil.

J.M. – Oh vous savez, les gens du monde me dégoûtent. Trop snobs. Voyez-vous, je donnerais tous mes millions pour la petite fille qui me donnerait sa chambre sous les toits.

LA FEMME. – Ooooh ben ça, c'est facile.

J.Y. – Hahaha, oh ça c'est de première ! Vous avez compris les petits ? Hein ? Alors à vous maintenant.

PREMIER HOMME. – Je joue au golf.

DEUXIÈME HOMME. – Papa est industriel.

TROISIÈME HOMME. – Je donnerais tous mes millions à la petite fille.

J.Y. – Vous avez compris ? Pour bien draguer, c'est comme pour tout, faut apprendre. Si vous avez besoin de conseils, écrivez-moi : Technicien dragueur RTF, 116, quai de Passy, Paris. Ciao !

La comédienne Jacqueline Allard, qui partagea les périodes « de vaches maigres et de pain noir », fut l'épouse de Jean Yanne au début de sa carrière.

LES SECRETS DU MARIAGE

Extrait de l'émission Mise en pièces, *dans laquelle Jean Yanne, invité « mystère », est malmené par les trois femmes qui l'interrogent.*

« La discussion dans un couple doit avoir lieu au moment où le couple se forme. Il faut un contrat sur les choses qui intéressent et celles qui n'intéressent pas l'un et l'autre. Par exemple, moi, ce n'est pas la peine d'envisager de me faire la bouffe une seconde. Je n'aime pas ça et ça ne me dérange pas qu'on mange mal chez moi. »

« Je sais que beaucoup de femmes trouveront ignobles ces cours de séduction pour hommes. Rassurez-vous, mesdemoiselles, nous allons nous occuper de vous. Évidemment, ce qui vous intéresse c'est le mariage. Et, dans le mariage, l'homme intéressant, c'est le patron.

Comment épouser son patron ?

C'est ce que nous allons vous apprendre ! Tout d'abord, il faut bien le choisir. Par exemple, rien à faire avec celui-là qui est du genre familial. »

En se replongeant dans les films de Yanne (ceux qu'il interprète, comme *Erotissimo* ou ceux qu'il réalise comme *Chobizenesse*), ce qui saute aux yeux, c'est la liberté des femmes. Les jupes sont courtes, les couleurs vives. Personne à l'époque ne demande à la femme de se cacher.

LE PREMIER PATRON. – Oh, Odette, veux-tu bien être gentille, mon petit, et appeler au Chardon Vert pour leur réclamer deux pelotes d'angora violet que ma femme lui a demandé de lui rapporter.

JEAN YANNE *(se tournant vers la caméra)*. – Oui, alors, vous voyez, il fait les commissions, c'est le genre popotte et fidèle, changez d'usine *(il écarte le patron)*. Inutile d'insister avec celui-là.

LE DEUXIÈME PATRON. – Mesdemoiselles, prenez note, je vous prie. Je rappelle à tout le personnel qu'il peut se procurer chez le concierge des billets gratuits pour assister au cycle de conférences que je donnerai sur le thème « Dieu en son temps ».

JEAN YANNE. – Oh, démagogue et vaguement prophète, laissez tomber *(il écarte le patron)*. Non, non, le patron idéal à épouser doit avoir la trentaine. Il est préférable évidemment qu'il soit le fils du président directeur général de la société qui vous emploie. Pour vous la secrétaire, une tenue modeste est de rigueur. Distinction exemplaire, langage choisi. Près de la machine à écrire, laissez traîner quelques livres que vous n'êtes pas obligée de lire : *La Chartreuse de Parme*, *Le Rire* de Bergson, *Grandeur et Servitude militaire*, etc. Il ne manquera pas de s'en apercevoir et vous serez classée comme une intellectuelle de bon ton. Ah, n'oubliez pas de mettre en évidence sur votre bureau la photo d'un amiral. Lorsque, en tombant dessus, il vous demandera :

LE PATRON. – Qui est-ce ?

LA SECRÉTAIRE. – Oh, mon aïeul. Oui, il y a quelques années ma famille possédait de vastes domaines. Hélas, nous avons tout perdu et j'ai dû travailler...

JEAN YANNE. – Hé hé, vous voyez le style. Il sera ému et quand un homme est ému, c'est dans la poche. Ah, et soyez musicienne aussi.

LA SECRÉTAIRE. – Oh, hier soir j'ai eu un choc. Oui, hier soir j'étais à Pleyel pour l'intégrale des *Brandebourgeois*. Alors quand Karajan est monté au pupitre, j'ai cru que c'était vous. Oh ça m'a fait un choc !

JEAN YANNE. – Croyez-moi il sera flatté, même s'il ne sait pas qui est Karajan. Vous avez saisi la manœuvre ? Ah, reste maintenant à vous faire raccompagner en voiture. Voilà la technique :

LA SECRÉTAIRE *(faisant semblant de s'évanouir)*. – Oh !

LE PATRON. – Qu'est-ce qu'il y a, Odette ?

LA SECRÉTAIRE. – Oh, je ne sais pas ce que... je suis comme étourdie.

LE PATRON. – Voulez-vous que je vous raccompagne en voiture ?

JEAN YANNE. – Et voilà ! Méthode deux !

LE PATRON. – Ma chère Odette, je tiens à vous remercier pour ces fleurs que vous disposez si harmonieusement sur mon bureau chaque matin. *(Elle prend un air gêné.)* Puis-je à mon tour vous faire plaisir ? Que voulez-vous ?

La secrétaire. – Oh, vous allez penser que je suis une petite fille…

Le patron. – Mais non, mais non.

La secrétaire. – Pardonnez mon côté Cendrillon, mais j'aimerais monter dans votre grosse voiture et aller vite vite vite vite vite !

Jean Yanne. – Je ne connais pas un patron qui résiste à cette façon de parler. Alors fatalement arrivera un jour où il vous demandera de sortir avec lui. Après bien des grimaces et quelques hésitations, acceptez.

La secrétaire. – Oh c'est merveilleux. Vous êtes comme un grand livre ouvert sur la vie. Oh, vous en connaissez des choses.

Le patron. – Bonsoir, Odette !

La secrétaire. – Bonsoir *(elle ferme la porte)*.

Jean Yanne. – Le lendemain, arrivez au bureau la mine défaite. La mine défaite s'obtient par suppression totale du maquillage. Le patron ne manquera pas de vous dire.

Le patron. – Ça ne va pas, ma petite Odette, ce matin ?

La secrétaire. – Gérard, puisque vous m'avez autorisée à vous appeler Gérard, je vous en prie, laissez-moi quitter votre service. Non, non, non, non, ne me posez pas de questions, je dois vous quitter.

Le patron. – Mais pourquoi ?

La secrétaire. – Je suis amoureuse de vous et ça n'est pas possible.

Le patron. – Mais sans vous Odette…

La secrétaire. – Mais votre famille ne voudrait pas…

Le patron. – De la petite fille d'un amiral ? Voyons, Odette, est-ce que je ne suis plus votre grand livre ouvert sur l'existence ?

La secrétaire. – Oh, vous êtes un livre de collection. Mais mes moyens ne me permettent pas d'être bibliophile. Et puis votre père est si terrible, je comprends qu'il vous intimide…

Le patron. – Lui ? Mais pas du tout.

Jean Yanne. – Oh, lui, vous l'avez piqué au vif. Dans trois mois, je vous vois sur les marches de l'église de la Madeleine en robe blanche, et puis je vous vois en manteau d'astrakan, présider la remise des jouets pour les enfants du personnel.

Jean Yanne
« Bon voilà, mes petits chéris, c'est fini pour aujourd'hui. Si vous avez des conseils à me demander, écrivez-moi : technicien-dragueur RTF, Maison de la Radio, Paris. Ciao. »

Le plus délicat avec les femmes, une fois qu'on les a draguées, une fois qu'on les a séduites, c'est de les quitter. Comment dites-vous ? Mufle, goujat ?

LES FEMMES, COMMENT LES QUITTER ?

JE T'AI MENTI

La vie sentimentale, sexuelle de Yanne a été riche, agitée. Il a, dès avant 68, théorisé la liberté du couple (pour lui et ses compagnes). Il s'est marié (ou pas). S'est séparé souvent. On sent dans ces sketchs « un certain vécu ».

JEAN YANNE. – Bonsoir, mes petits poussins, au cours de notre dernière émission, nous vous avons appris les rudiments de la séduction. En langage clair, nous vous avons appris à draguer. Il semble que vous ayez très bien compris, si l'on en juge par le courrier important que nous avons reçu. Mais quantité de lettres nous posent la même question : maintenant que nous avons réussi à séduire des femmes, comment nous en débarrasser ? Rassurez-vous, on ne va pas vous les laisser sur les bras pendant tout l'été. Nous allons vous apprendre à les plaquer. Pour cela, il existe un certain nombre de méthodes. La première c'est le système « jusque-là je t'ai menti ».

(Scène dans un café, une femme seule à une table.)

J.Y. – Vous donnez rendez-vous à la personne dont vous voulez vous débarrasser dans un bistrot discret. Attention, dès le départ, prenez l'air sérieux.

LA FEMME *(un peu vulgairement)*. – Bonjour, mon gros lapin, ma petite cocotte en sucre ! Alors on a pensé à son petit nounours rose aujourd'hui ?

L'HOMME. – Oui, j'y ai pensé.

LA FEMME. – Eh bien, qu'est-ce que t'as, t'en fais une tête !

L'HOMME. – Non, rien rien...

LA FEMME. – Mais si, qu'est-ce qu'il y a ?

L'HOMME.– J'ai des soucis...

LA FEMME. – Ooooh, ben faut tout dire à ta petite rose bleue, hein mon petit ange

L'HOMME. – Eh bien, ma petite rose bleue, voilà, la première fois que je t'ai vue, je suis tombé amoureux tout de suite de toi. Je n'ai pensé à rien d'autre. Et pourtant, le premier soir, si tu te rappelles, à un moment j'ai eu de la tristesse dans les yeux.

LA FEMME. – Oh ben oui, je m'en

rappelle ! Même que t'as pas pris de dessert. C'est moi qui ai mangé ton flan caramel. Continue, mon gros artichaut.

L'HOMME. – Eh bien, pour ne pas te perdre, je t'ai menti. Oh, je sais que tu vas m'en vouloir terriblement, que tu vas me mépriser, mais voilà, je suis marié, Marguerite…

LA FEMME. – Ben et alors ?

JEAN YANNE *(se tournant vers le spectateur)*. – Alors là, si elle fait partie de la catégorie de celles que rien n'embarrasse, mettez le paquet.

L'HOMME. – Je suis mariée, j'ai trois enfants.

LA FEMME. – Oh, ce qu'ils doivent être beaux !

L'HOMME. – Trois d'un premier lit et cinq d'un second mariage ! Alors je me dois à leur éducation.

LA FEMME. – Oh ben, je peux t'aider !

L'HOMME. – Hélas, mes deux femmes vivent encore. De plus elles ont appris ton existence. Elles te recherchent, et puis elles sont motorisées.

LA FEMME. – Oh ben, je prends le métro tout le temps alors…

L'HOMME. – Non, non, non, je veux que tu ne coures aucun risque. Je t'aime trop, vois-tu ? Aussi, est-ce la mort dans l'âme que je te demande de me quitter, Marguerite. Oh, ce n'est que provisoire. Lorsque mes enfants seront mariés, alors tu me reverras courir vers toi *(la femme se met à pleurer)*. D'ailleurs, l'aîné a 8 ans. Y a peu de temps à attendre. Adieu, Marguerite. Non, non, non, ne me retiens pas. C'est dur.

LA FEMME. – Tu oublies ton cache-col.

L'HOMME. – Garde-le, tu le porteras en souvenir de moi.

63

Une rupture sans larmes

JEAN YANNE. – Une bonne rupture doit se dérouler sans larmes. Alors il y a une autre méthode qui paie généralement mieux, c'est celle du papa noble. Vous choisissez dans vos relations un copain à vous qui fasse plus âgé que vous. Il peut se passer les cheveux au blanc à chaussure pour faire plus vrai. Il peut s'ajouter une petite moustache pour se vieillir. Il peut également se mettre la rosette de la Légion d'honneur qui, incontestablement, donne du poids. Vous fixez rendez-vous à la petite et vous envoyez le copain à votre place. Comme ceci.

LE FAUX PÈRE. – Mademoiselle Ninette Mortier ?

LA FEMME. – Oui, monsieur ?

LE FAUX PÈRE. – Je suis le père d'Armand.

LA FEMME. – Ah.

LE FAUX PÈRE. – Sans doute serez-vous surprise de me voir ici, mais je viens à son insu.

LA FEMME. – Où est-il ?

LE FAUX PÈRE. – Enfermé dans l'alcôve du salon. Mademoiselle, je viens vous demander de ne plus revoir mon fils.

LA FEMME. – Mais, monsieur, il me semble qu'il aurait pu me le demander lui-même.

LE FAUX PÈRE. – En est-il capable ? Vous l'avez ensorcelé, mademoiselle. J'aurais voulu que vous le voyiez, déchirant ses vêtements, frappant les murs de ses deux bras puissants, suppliant que je lui ouvre. Mais pourquoi, pourquoi ? Mademoiselle, mon fils a un devoir à remplir. Je me suis saigné aux quatre veines pour qu'il soit inspecteur des P et T. Il vient d'être nommé à Chaponnay dans le Rhône. Hélas, depuis qu'il vous connaît, il ne veut plus quitter Paris. Alors c'est à vous que je le demande. Je fais appel à vos sentiments de Française. Avez-vous le droit de priver une administration nationale d'un inspecteur des P et T ? En avez-vous le droit, je vous le demande ?

LA FEMME. – Mais je peux le suivre à Chaponnay !

LE FAUX PÈRE. – J'y ai pensé. Il y a songé lui aussi. Mais peut-on, mademoiselle, demander cela à une femme qu'on aime ? Connaissez-vous Chaponnay dans le Rhône ? Savez-vous ce qu'est le brouillard, le fog comme disent les Anglais ? Non, non, il vous faut l'oublier.

LA FEMME. – Mais je pourrais peut-être lui écrire ?

LE FAUX PÈRE. – Pour lui faire du mal ?

LA FEMME. – Oh, lui faire du mal !

LE FAUX PÈRE. – Non, non, non, non. Le plus sage est de rompre.

LA FEMME. – Eh bien, donc, rompons. Je renonce. Oui, je renonce.

LE FAUX PÈRE. – Bien. Vous savez que vous me plaisez beaucoup, mademoiselle. À l'occasion, quand le petit sera parti, eh bien ça me déplairait pas du tout de vous revoir ! On pourrait parler de lui.

LA FEMME *(souriante)*. – Oh ben, c'est une idée ça !

« Se débarasser d'une maîtresse en la refilant à un bon copain : eh ben voilà, on fait d'une pierre deux coups ! »

Jean Yanne n'est pas indifférent au charme des actrices.
Il va tomber amoureux d'une jeune sociétaire de la Comédie-Française :
Nicole Calfan. Elle jouera dans plusieurs de ses films.

Grand seigneur, Jean Yanne veut offrir un théâtre à sa nouvelle amoureuse, Nicole Calfan. Dans l'émission Cinéfilms, *il évoque avec humour la folie kafkaïenne du ministère de la Culture dont dépend le théâtre.*

Un cadeau à son amoureuse

« Il s'est trouvé qu'un type nous a cédé le théâtre du Vieux-Colombier, et moi je voulais faire un centre miniature de télévision, de théâtre. Mais le bâtiment du Vieux-Colombier était extrêmement mal foutu. Le type qui dirigeait cette maison a été le premier mec à faire des coulisses en béton, ce n'est pas vraiment une trouvaille. Pour avoir l'autorisation d'ouvrir, le ministère de la Culture exigeait d'avoir une sortie de secours. Pour faire une sortie de secours, il n'y avait qu'une seule façon, c'était d'acheter une boutique de charcuterie qui était rue du Cherche-Midi. On pouvait percer un trou qui faisait communiquer la boutique du Cherche-Midi avec le Vieux-Colombier. Mais le charcutier avait gagné le Grand Prix national du boudin blanc, ça marchait très bien pour lui. D'un jour à l'autre, tous ses boudins sont devenus deux fois plus chers. Il ne voulait plus partir. Le théâtre du Vieux-Colombier était juste à côté d'une discothèque de lesbiennes donc, par conséquent, on ne pouvait pas faire de matinée classique. J'ai donc dû discuter avec le ministère de la Culture pour leur expliquer que les dames ne venaient que la nuit et qu'elles n'en avaient rien à foutre de la matinée du jeudi. On ne pouvait pas non plus faire de matinée classique parce qu'il faut que les théâtres qui accueillent des adolescents soient à plus de 200 mètres d'un bistrot), et dans le quartier il y en a partout... Ça a duré deux ans. À la fin, j'ai fini par aller au ministère de la Culture pour leur dire, voilà, je vous rends les clefs. Il y a un film à faire sur le ministère de la Culture. »

Vous avez dit «sexe faible» ? Jean Yanne, très attentif aux évolutions de la société, saisit parfaitement que le rapport de force entre les hommes et les femmes est en pleine mutation.

FRANÇAISES : LE SEXE FORT ?

Dans une émission sur France Inter, consacrée à la condition masculine, Jean Yanne, Gérard Sire et Jean Amadou se retrouvent face à six journalistes femmes. Dominique Thorez du Quotidien de Paris *ouvre le feu en contestant le titre de l'émission* La Condition masculine. *De toute façon, pour elle, tous les êtres humains sont inféodés à la « condition masculine ». Tout au long de l'émission, Gérard Sire et Jean Yanne useront bien sûr de leur humour caustique, d'un regard particulier sur la condition féminine.* Shocking or not shocking ?

Chiche !

JEAN YANNE. – Vous savez, je crois que les hommes ont beaucoup plus à se plaindre de la société que les femmes, parce que les hommes sont agressés dès l'enfance par les lois de la femme.

GÉRARD SIRE. – La tétée...

J.Y. – La tétée et un certain nombre d'exigences qu'a leur mère. La condition féminine est ennuyeuse parce que les hommes ne savent pas organiser la vie des femmes. Et la condition masculine est minable parce que les hommes ne savent pas organiser la vie des hommes. Maintenant, si les femmes prennent le pouvoir et si elles sont capables de mieux organiser la vie des hommes que les hommes ne le faisaient eux-mêmes, alors là, bravo ! C'est vrai que Mme Golda Meir a réussi à faire des choses plus brillantes que M. Sadate. Mesdames, à vous de jouer !

JEAN AMADOU. – Les femmes ne savent pas très bien s'organiser parce que, représentant 53 % de la population, elles devraient être aux manettes du pays depuis déjà une dizaine d'années.

G.S. – Je voudrais ajouter une constatation quasiment historique. Les femmes n'ont jamais été aussi faibles que depuis qu'elles sont nombreuses et organisées. Autrefois, quand elles étaient soi-disant soumises, elles dirigeaient entièrement la condition masculine. Il n'y a qu'à se référer à l'Histoire de France tout simplement pour voir que, pendant des siècles, la femme a mené complètement la Nation. Mme de Maintenon, les maîtresses des régents, elles possédaient un savoir devant lequel les hommes s'inclinaient respectueusement. Or, il s'avère que depuis que les femmes ont le droit de vote, la condition de l'homme nous paraît beaucoup plus faible. Et elle porte ses suffrages beaucoup plus vers les hommes que vers les femmes.

Alors, c'est à vous de jouer, mesdames.

Dans la même émission de 1975, Gérard Sire et Jean Yanne assument sans complexe un discours (qui peut paraître) misogyne. Assumant clairement la différence des sexes. Bon sens ou provocation ?

GÉRARD SIRE. – Je crois que cette histoire de femmes qui veulent être à la barre, dans un certain nombre de métiers et de professions, c'est plutôt grotesque. Prenons l'exemple du cinéma. Il n'y a absolument aucune raison que j'empêche une femme de devenir machiniste. Je trouve simplement qu'une femme en salopette sur un plateau avec un marteau enfonçant des clous, c'est étrange. Si elle veut le faire, elle peut le faire. Mais une caméra Mitchell, ça pèse à peu près 45 kilos, il faut la prendre et la porter. Donc, généralement, ce sont des bonshommes qui la portent. C'est pour ça que généralement, dans le cinéma, les femmes sont devenues ou monteuses ou scriptes, ou réalisatrices.

JEAN YANNE. – Alors là, je vais me fâcher. Mais vous savez que je ne dis jamais une phrase sans me fâcher avec une catégorie sociale. Par conséquent, je vais me fâcher, je crois, avec les conducteurs d'autobus et non pas les conductrices. Ça ne me paraît pas être une réussite fantastique de devenir conducteur d'autobus. Donc ça ne me paraît pas être le but vers lequel doivent tendre toutes les femmes. Que certaines arrêtent de dire : « Ah, si je pouvais devenir conductrice d'autobus plutôt qu'agrégée de philosophie. » Conducteur d'autobus, c'est un machin que le progrès va supprimer. Un jour, les conducteurs d'autobus vont

«Est-ce à une femme de porter une caméra sur un tournage? Est-ce à une femme de diriger un chantier?» Rétrograde, Jean Yanne?

être remplacés par des automates. Un autobus, ça devrait rouler tout seul. Les femmes devraient être médecins, avocates, patronnes...

G.S. – Un dernier mot technique: maintenant que les autobus ont une direction assistée et se conduisent comme des automobiles, moi je suis ravi qu'il y ait des conductrices d'autobus, parce qu'elles sont très prudentes.

J.Y. – Et qu'elles ont obtenu enfin un poste de direction.

G.S. – De direction assistée.

«Quand on vit entre hommes, qu'est-ce qui se passe? Il y en a un qui fait la vaisselle, et l'autre qui change les prises.»

Jeunesse éternelle...

Pour son émission sur Paris-Inter Mon cher et vieux pays, *Jean Yanne parodie les publicités en* direct live. *Celle-ci donne aussi le ton d'une société patriarcale et misogyne. Ces dames apprécieront.*

« Madame, le temps court à grands pas, vous aussi courez vite pour ne pas qu'il vous rattrape. Refusez de vieillir, gardez le teint rose de vos 20 ans et la souplesse de vos muscles faciaux grâce à la paire de baffes quotidienne. Mise au point depuis des années par divers spécialistes : clowns, catcheurs, représentants des associations scoutes... La paire de baffes supprime les rides et tonifie la peau. N'oubliez pas, petite Madame, la paire de baffes quotidienne, c'est la santé jusqu'à demain. »

Jean Yanne épousa Jacqueline Allard, en 1960. Ils se séparent quelques années plus tard,
mais il sera toujours là pour elle dans les périodes difficiles. Fidèle à celle qui a connu, avec lui, les années de bohème.

ET L'AMOUR, BORDEL ?

« J'aime pas beaucoup les sages-femmes en 2 CV »

Face à José Arthur dans l'émission À qui ai-je l'honneur?, *Jean Yanne se laisse aller à la confidence. Lui qui est très pudique sur ses relations avec les dames se met à nu.*

José Artur. – Vous êtes bien équilibré sexuellement, ça va ? Vous n'avez jamais souffert de ce côté-là ? N'y a-t-il jamais eu de doute ?

Jean Yanne. – Ben, au départ, avant que ça m'arrive, je ne savais pas comment ça se passait, mais quand ça s'est passé, c'était plutôt concluant.

– À quel âge s'est passée la première fois ?

– Oh, ça s'est passé relativement jeune, parce que j'ai eu la chance d'être dans un lycée qui était très près des rues chaudes de la ville. Pour rentrer chez moi, je devais emprunter ces rues chaudes. J'ai eu les sens éveillés très jeune parce que je me demandais ce que faisaient ces dames dans la rue.

– Et c'est une dame comme ça qui a été la première ?

– Ben oui.

– Ben moi aussi, c'est comme ça que ça s'est passé. C'est sans doute parce que vous avez le même âge que moi, mais à l'époque c'est comme ça que ça se passait, les jeunes gens de 17 ans n'avaient pas les mêmes facilités qu'aujourd'hui. Il n'y avait pas de collège mixte, ni de pilule.

José Artur. – Est-ce que vous vous trouvez séduisant ?

Jean Yanne. – Je ne me trouve pas séduisant, d'abord ce n'est pas à moi de me trouver séduisant, c'est aux dames.

– Est-ce que vous avez un type particulier de femmes ?

– Non, j'aime bien les femmes qui ne parlent pas beaucoup.

– Et qui vous permettent de parler ?

– Oui, parce que ça me plaît de parler.

– Et quelle sorte de femmes n'aimez-vous pas ?

– Ah, je n'aime pas beaucoup les suffragettes.

– Vous l'avez dit sur un drôle de ton… On se trompe ? Est-ce que c'était une attaque ?

– Je n'aime pas beaucoup les sages-femmes en 2 CV, le côté Croix-Rouge, avec béret, godasses plates, qui conduisent des Jeeps dans le désert.

– Et une femme qui vous ressemblerait ?

– Elle ne serait pas terrible.

– Portez-vous une alliance ?

– Non.

– Pourquoi ?

– Ça me gêne d'avoir un truc aux mains.

– Est-ce que vous pensez qu'on peut aimer plusieurs femmes à la fois et de manière différente ?

– Oh oui !

Jean Yanne a toujours été séduit par «les dames». Il y a chez lui un côté Charles Denner dans *L'Homme qui aimait les femmes* de Truffaut. Le charme animal du cavaleur dont l'intérêt pour les femmes est réel.

L'amour? C'est un beau sujet...

– Parlez-nous un peu de l'amour.

– Parler de l'amour? C'est un beau sujet...

– Ne soyez pas maussade comme ça. Est-ce que cette question vous a choqué? Est-ce que l'amour c'est important pour vous?

– Non, pas tellement.

– Ça vous intéresse? Il y a des femmes intéressantes dans la vie tout de même.

– Ah, mais je n'en doute pas un instant!

– Vous ne les voyez pas?

– Bien sûr que je les vois et même plus... Mais vous parliez de l'amour. Vous savez c'est un mot que je n'ai jamais bien compris.

– Vous avez déjà dit je t'aime à une femme?

– Oh oui...

– À la vôtre, j'espère. En y croyant? Qu'est-ce que c'est quelqu'un qu'on aime?

– Ben, c'est quelqu'un avec qui on rigole, quelqu'un qui pense comme vous.

– Vous parlez plutôt d'amitié en ce moment que d'amour! Est-ce que vous avez été malheureux par amour?

– J'ai été malheureux de rendre malheureux.

– C'est gentil ça...

Vous avez dit «enfant»?

À la fin de sa vie, Jean Yanne a dit, répété tout l'amour qu'il portait à ses deux fils Thomas et Jean-Christophe. Regrettant même de n'avoir pas passé plus de temps avec eux. En effet, plus jeune, la vie de famille, « le foyer », n'a jamais été son genre.

– Et un bambin ça vous fait peur ?
– Ça, c'est la panique alors…
– Vous ne voulez surtout pas d'enfant.
– Je les déteste.
– Pourquoi ?
– Est-ce que vous voyez un enfant élevé par moi dans la haine du flic, dans la haine de la soutane ?
– Pourtant vous vous en sortez bien, vous-même ?
– Oui, mais moi ça m'est venu tout seul… J'ai des trouilles formidables en ce qui concerne les enfants. Je sais pas. Si j'avais une fille de 17 ans qui rentrait le soir, avec mon sens de l'observation, je m'apercevrais que sa mini-jupe est froissée.
– Vous aimez les filles de 17 ans.
– Oui, justement.

Partouze

– Vous n'êtes pas allé dans un club échangiste dans le XIIIe ?

– Je suis allé une fois dans un truc comme ça avec Jean-Pierre Rassam, « Le Roi René ». J'ai commandé un whisky au bar. Un mec est venu et il m'a dit : « Est-ce que vous pouvez vous en aller, parce que vous gênez les gens avec votre sourire ? », c'est vrai que j'étais hilare. Je voyais des dames pendues dans tous les coins, je me marrais comme une baleine. Alors ce mec m'a fait partir parce que je cassais l'ambiance.

Dans *L'Homme qui aimait les femmes*, Charles Denner a cette jolie expression : « Les jambes des femmes sont comme des compas autour desquels le monde tourne. »

Maisons closes

«Rouvrez les maisons»

Dans les maisons, je vous l'assure,
C'était pas du boulot bâclé,
Mais du travail fait sur mesure
Des trucs et des spécialités.
Car la main-d'œuvre était parfaite,
Y a que dans les maisons qu'on trouvait
Le demi-tour sur la carpette,
Et le petit train japonais !

«Jouer un homme amoureux de Catherine Deneuve, c'est pas dur. C'est plus agréable d'être amoureux d'elle que d'un boudin. En plus, Catherine est le contraire de ce que l'on croit. Elle est marrante, drôle.»

***Jean Yanne à propos du film* Indochine.**

DB 22369784 D
B2

PARTIE V

Chobizenesse

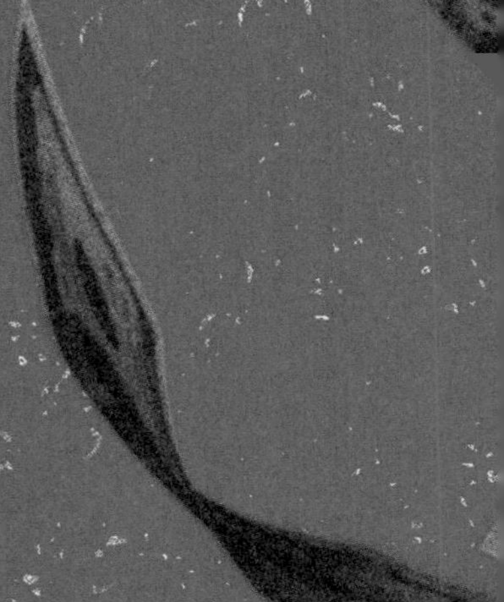

JEAN YANNE, LE SURDOUÉ

Il a écrit et interprété des milliers de sketchs, plus de 700 chansons avec son «frère» Gérard Sire. Il a été un grand comédien chez Godard, Chabrol et bien d'autres. Il a obtenu le Prix d'interprétation à Cannes pour le beau, violent film de Maurice Pialat Nous ne vieillirons pas ensemble. *Réalisateur, il a marqué des générations de Français avec* Tout le monde il est beau, tout le monde il est gentil, Deux Heures moins le quart avant Jésus-Christ. *Avec le génial et foutraque Jean-Pierre Rassam, il a dynamité le cinéma français en produisant Ferreri, Bresson, Godard.* La Grande Bouffe, *c'est eux. Il a, à l'instinct, toujours privilégié des partenaires, des amis brillantissimes. Sa trajectoire ne croise pas les moins cons, ni les moins cultivés. Ils se nomment Pierre Dac, Francis Blanche, Jean Cocteau, Jacques Martin, Jean Poiret, Michel Serreau, Pierre Desproges, Catherine Deneuve… Et pourtant Yanne n'aura été ni Truffaut, ni Godard, ni Chabrol, ni Minelli. Il a bien sûr marqué son époque. Il reste un symbole. Il nous lègue un (mauvais) esprit plus qu'une œuvre. C'est sans doute le drame des surdoués. Tout lui a réussi très vite.*

Trop vite? Cabaret, chanson, cinoche… «Qui trop embrasse mal étron», pour faire un jeu de mots facile. Touche-à-tout, Yanne a fini par dilapider son talent par facilité. Il écrivait, réalisait trop vite. Il était trop lucide, trop intelligent pour ne pas se rendre compte qu'il ne jouerait jamais dans la cour des (très) grands. Il était un admirable acteur et ne cessait de vomir sur «ce métier de gonzesse». Il rêvait d'être un dialoguiste comme Audiard, mais «pissait ses scénarios» sans vraiment bosser. Le réalisateur Alain Jessua, qui le connaissait bien, a dit qu'il voyait en Yanne «un des êtres les plus désespérés qu'il ait vus de sa vie. Un homme revenu de tout qui ne croyait en rien». Ce monde du showbizz qu'il a tant aimé et tant conspué est dur lorsque l'on est à terre. Après quarante ans, ruiné, affaibli après une crise cardiaque, il va «faire l'acteur» pour payer ses dettes. Aucun producteur ne voulant plus financer ses films. À son enterrement la profession ne se bouscule pas. Dur métier.

Cabaret, chansons, sketchs, radio, télé... Jean Yanne et Jacques Martin sont tout-terrain.
Leur credo : aller vite, s'amuser, oser.

QUAND LES FAUX-CULS TAPINENT...

Chanson du film *Chobizenesse*

Quand on est dans le chobizenesse,
on n'en sort plus jamais
Amour, passion, malheur, ivresse
On fait toujours semblant, on fait toujours faux-cul

Quand on est dans le chobizenesse
On n'a pas de pudeur, on tapine et c'est tout
On vend sa tête, on vend ses fesses
Tout le monde il est beau, il veut avoir des sous

Les élections présidentielles
C'est du chobizenesse !
Les bombardiers nouveaux modèles
C'est du chobizenesse !
Les gros scandales qu'on révèle
C'est du chobizenesse !
Les politiciens qui s'en mêlent
C'est du chobizenesse !
Un président qu'on assassine
It's also chobizenesse !
Et les témoins qu'on ratatine
Esta chobizenesse tambien !
Un peuple qui meurt de famine
Das ist chobizenesse !
L'agitation en Palestine
C'est toujours du chobizenesse

Une si bête hypocrisie

« Dans le monde de la radio, c'est des "Bonjour, comment tu vas ? "Oh, ça va. Il faut qu'on s'appelle, il faut qu'on dîne ensemble." "Ah, au fait, j'ai vu ton film hier, que c'est bien." "Ooooh, dis donc, ton disque, alors coco, olala." Alors tout le monde il est beau, tout le monde il est gentil. Et par-derrière, on sait bien : les coups de pied, la tête sous l'eau. »

« Pourquoi qu'on a viré mon pote ? »

Jean Yanne, en faux présentateur de journal télévisé, réécrit avec Daniel Prévost les « nouveaux statuts de l'ORTF ». Pour s'être fait virer de toutes les radios privées et publiques, et de la télé, il connaît par cœur les petits coups bas, arrangements, copinages des patrons de presse.

JEAN YANNE. –

« 1er Article de ces nouveaux statuts de la première chaîne : Toute personne qui déplaît à quelqu'un pour quelque motif que ce soit, y compris une tête qui ne revient pas, est viré.

2e Article : Toute personne qui râle en disant : "Pourquoi qu'on a viré mon pote ?" est virée à son tour.

3e Article : Quand quelqu'un a été viré, il peut être repris, à une condition : que la personne qui l'a viré se soit fait elle-même virer. »

Gérard Sire participera à la plupart des émissions de télévision, de radio de Jean Yanne.
Ils écriront ensemble tous les films réalisés par Yanne. Dans un univers si factice,
Gérard Sire était le frère, le double, le pilier.

Yanne n'est jamais si bon qu'entre copains. Avec Daniel Prévost, ils se stimulent, se relancent.
La complicité qui se dégage de leur sketchs est jubilatoire. C'est à qui ira le plus loin.

Yanne et Martin entretiennent un rapport intime, complice avec le public. Ils «entrent» chez les gens, s'adressent à eux face caméra. Ils séduisent ou agacent, mais ne laissent pas indifférent.

LES TÉLÉSPECTATEURS

Jean Yanne et le public, une longue histoire. Jean Yanne dérange, Jean Yanne déplaît, Jean Yanne en fait des caisses. Jean Yanne reçoit en permanence des lettres de protestations, hargneuses, des lettres d'insultes. De colère en lassitude, Jean Yanne joue souvent avec le public, auditeurs et téléspectateurs, à « je t'aime moi non plus ». Et n'hésite pas à se foutre de sa gueule.

« Le temps de cerveau disponible »

Dans un morceau d'anthologie de 1 = 3, Yanne et Martin, déguisés en bébés, face caméra, s'adressent aux téléspectateurs qu'ils infantilisent complètement. Déjà, à l'époque, les télespectateurs sont soumis à la dictature des audiences. « Le temps de cerveau disponible » dont parlera plus tard le patron de TF1 n'est pas loin.

JACQUES MARTIN. – Bonsoir les gentils téléspectateurs. Mais c'est tout nouveau ça, madame. Oh ils étaient nombreux à nous regarder avec leurs gros yeux-yeux, les téléspectateurs. Ils avaient travaillé toute la journée, ils étaient fatigués et, maintenant, avant d'aller faire dodo, ils vont regarder la télévision. Elle est gentille la télévision.

JEAN YANNE. – Je m'excuse de t'interrompre, je crois qu'il y a un bébé qui pleure. Il doit y avoir en France un certain nombre de mamans qui ont des soucis car leurs bébés n'arrivent pas à s'endormir. Mamans de France, nous allons vous aider à endormir vos bébés. Nous vous demandons d'approcher les berceaux de votre écran et, pour endormir vos bébés, nous allons leur chanter une berceuse. Tonton Martin, vous voulez bien chanter une berceuse aux petits enfants de France ?

(Jacques Martin prend une voix de nigaud avant de se mettre à hurler un air de Tosca.)

Jean Yanne et Jacques Martin parodient dans cette « Soirée de réveillon » de l'ORTF les présentateurs de télévision. Ils expliquent qu'ils ont trouvé scientifiquement la martingale pour concevoir l'émission qui va plaire à tous les publics. Sur un tableau derrière eux sont dessinés des cerveaux de téléspectateurs. Capter toutes les ménagères de moins de 50 ans.

JEAN YANNE. – Nous voulons faire de la télévision idéale à l'occasion de ce réveillon du 31 décembre. Nous voulons que cette émission plaise à tous, absolument tous les publics.

JACQUES MARTIN. – Pendant un an, nous avons travaillé sur des statistiques. Nous avons même été jusqu'à travailler en laboratoire sur le goût des téléspectateurs, car nous voulons que cette émission plaise à tous, absolument tous les publics. Cette émission s'adressera à tous les âges. Nous avons établi des graphiques pour

cela. Voici le graphique du téléspectateur moyen de 53 ans avec ses goûts. Mais, aujourd'hui, il n'y aura pas que des séquences destinées à ce téléspectateur. Il y en aura aussi pour les téléspectateurs de 3 mois à 7 ans, pour ceux de 18 à 20 ans, pour ceux de 32 à 45 ans, pour ceux de 61 à 68 ans. Enfin pour les jeunes téléspectateurs de 74 ans.

J.Y. – Il faut signaler également que nous avons tenu compte de tout le courrier reçu par la direction et, par conséquent des souhaits, des inquiétudes des téléspectateurs. C'est ainsi que nous avons consacré des séquences tout particulièrement à l'intention de Mme Chimois, de Prezier-sur-Pujol par exemple, ou de M. et Mme Garnouf à Saint-Grinmois-sur-Idoine...

J.M. – De comte Aldebert Sixte-Fauchard-du-Trianon, château de Bouzic-en-Tard-de-Nois dans les Deux-Sèvres.

J.Y. – Également d'un téléspectateur très assidu, son éminence le cardinal Goldenberg et Madame...

J.M. – Madame ?

J.Y. – Madame sa sœur !

J.M. – En tout, je crois 3 millions 618 mille 415 lettres. La 416e nous l'avons refusée car elle n'était pas timbrée.

J.Y. – Par ailleurs, nous avons rencontré beaucoup de médecins et même des psychiatres, pour faire des courbes comparatives. Nous avons appliqué les méthodes scientifiques à la recherche de l'émission qui pourrait séduire le plus grand nombre de personnes possible. Voici maintenant les chiffres qui nous ont été communiqués par l'Office national des statistiques. On constate par exemple qu'il y a chez les téléspectateurs 0,0006 % d'immigrés polonais. Chose qui n'a jamais été soulignée à la télévision. Les militaires en retraite et les critiques alcooliques sont également très nombreux. Ces chiffres montrent que nous nous sommes intéressés à toutes les couches sociales de téléspectateurs.

L'homme le plus détesté de France

En direct, dans une émission de télévision consacrée à Jean Yanne en 1968, des téléspectatrices(teurs) appellent...

« Bonjour, je vous téléphone au sujet de l'émission de Jean Yanne et je suis évidemment contre que la télévision reçoive un personnage aussi dénué d'intérêt. C'est vraiment un pauvre type sans esprit. Surtout dans cette époque à contestation chez les jeunes, c'est une émission très pernicieuse finalement. Vous savez en fait d'humour, je trouve que

À force de se moquer de tout et de tous, des syndicats aux patrons, des «bonnes femmes» aux flics, Yanne est aussi admiré que détesté. Il ne cherche pas à plaire. Un humoriste a pour vocation d'être minoritaire.

c'est plutôt de la vomissure, c'est un garçon qui n'a aucun esprit, qui salit tout. Autant Jacques Martin est un garçon amusant et plein d'esprit, autant celui-là est un pauvre type taré, un infect taré. C'est vraiment regrettable et attristant pour la télévision française de produire des êtres comme Jean Yanne, franchement.»

«J'ai l'habitude de déplaire, les gens n'aiment pas qu'on leur mette le nez dans leur vérité.»

«Je n'aime pas les autres, je ne vois pas pourquoi ils m'aimeraient.»

Notables, hommes du monde, prolos, chanteurs...
Yanne et Martin se glissent avec une facilité déconcertante dans la peau des autres.
Tout en restant eux-mêmes.

Jean Yanne a été un très grand acteur, chez Pialat, Godard, Chabrol. Mais malgré les louanges, le Prix d'interprétation à Cannes, malgré le talent, il n'a jamais pris ce métier au sérieux. « Un job de "gonzesse". Ce n'est pas très viril, ce n'est pas très sérieux de juste se plier au désir des autres. »

laude Chabrol est une des grandes rencontres de cinéma de Yanne. Il lui offrira certains de ses plus beaux rôles. Il a compris la violence, la complexité que Yanne porte en lui.

YANNE ET CHABROL : LA BELLE ÉQUIPE

C'est en 66 que Jean Yanne commence à jouer pour Chabrol, un petit rôle d'instituteur dans La Ligne de démarcation. *Chabrol lui proposera ensuite de jouer dans* Que la bête meure, *et* Le Boucher. *Jean Yanne aime ces rôles sérieux qui répriment d'emblée tout comique troupier.*
Si Chabrol regrette « qu'on ait perdu la notion de la tragédie, parce qu'on peut aller très loin dans le tragique », il ne se prend jamais au sérieux. Lors d'entretiens télévisés avec Yanne, c'est un festival de bons mots, de déconnade. Avec, comme souvent à l'époque, alcool et cigarettes en direct sur le plateau.

« Ce type est absolument immonde »

JEAN YANNE. – Moi j'ai fait l'acteur parce qu'un jour j'ai croisé Claude Chabrol dans les couloirs de Radio Luxembourg et il m'a dit : « Ah ! Il faut que je te voie parce que je prépare un film dans lequel il y a un instituteur anticlérical, qui, chaque fois qu'il croise le curé, fait "Croa croa". Il faut que tu fasses ça ! Dans ce film, il n'y a pas d'acteur, j'ai pris que des copains, on va tourner ça dans le Jura. Viens, il y a des bons restaurants. »

CLAUDE CHABROL. – Le personnage qu'incarne Jean est une putréfaction vivante. Quand je lui ai proposé le rôle, il s'est précipité dessus en disant : « C'est tout à fait moi. » Il a été d'une conscience et d'une ignominie sans pareil.

J.Y. – Chabrol est un garçon qui fait du cinéma détendu et qui, au moment du tournage, m'a dit : « Alors voilà, le type est ignoble, grossier, abominable. » Et vous savez, quand on lâche quelqu'un en lui disant d'aller du côté où il a tendance à faiblir, si j'ose dire, c'est difficile de ne pas aller un peu trop loin. Je me suis quand même un peu retenu. Je ne suis pas plus ému comme acteur en jouant un assassin d'enfant qu'en jouant dans une publicité pour les nouilles.

C.C. – Le personnage était absolument immonde et je lui ai dit : « Alors, voilà, j'aimerais bien que tu joues ce personnage. » Et j'ai pris quelques précautions quand même : « Je te préviens, il est immonde, il est dégueulasse, il est vraiment abject. » Et il m'a dit : « Moi, je n'y vois pas d'abjection. »

J.Y. – Bien sûr, dans ce film je suis ignoble, au premier degré, puisque j'écrase un petit garçon avec mon automobile et que je me sauve. Cela dit, à partir du moment où le gosse est écrasé, je ne vois pas ce qu'on pourrait faire d'autre ! L'action qui n'est pas bonne, c'est de l'écraser, mais une fois que c'est fait… Ce qui justifie un peu mon acte, c'est que dans le scénario, dans l'histoire, j'ai également

un petit garçon. Et, dans le fond, qu'est-ce qui est plus rationnel : s'arrêter et dire à son père « J'ai écrasé votre petit garçon, appelons la police », ou se dire « Je fuis, pour éviter la prison, afin d'assurer la vie de mon enfant » ? Hein ? Je ne sais pas si vous me suivez...

« La voix de Yanne, sa démarche, son regard, ça ne s'apprend pas. C'est un acteur typiquement français. Jean Yanne, c'est le terroir qui parle, c'est la banlieue qui rugit. C'est l'humour qui vous crispe pour s'épanouir dans la tragédie. »

Claude Chabrol dans Radioscopie.

Claude Chabrol fait jouer à Jean Yanne dans *Que la bête meure* un type qui écrase un enfant et qui se tire. Un personnage « immonde », « abominable », que Yanne accepte avec enthousiasme.

Autant les tournages avec Pialat, Godard sont compliqués. Autant la paire Yanne-Chabrol a toujours fonctionné de façon fluide, rigolarde. Deux jouisseurs revenus de tout.

Dans le film *Le Boucher*, Jean Yanne partage l'affiche avec Stéphane Audran. Chabrol résume ainsi l'intrigue: «C'est la rencontre entre un boucher qui a fait l'Indochine et une institutrice qui fait du yoga.»

Le Boucher

Claude Chabrol offrira à Jean Yanne un autre très beau personnage dans son film Le Boucher. *Sur le tournage en province, avec la comédienne Stéphane Audran, l'ambiance est délicieuse, comme les repas et le vin. L'histoire très « chabrolienne ».*

CLAUDE CHABROL. – *Le Boucher*, ce sont les rapports entre un boucher et une institutrice. Pas des rapports amoureux, c'est un peu plus compliqué que ça : l'institutrice fait du yoga et on se demande si le boucher n'a pas le goût du sang.

JEAN YANNE. – Dans *Le Boucher* de Chabrol, je joue un ancien légionnaire violeur et tueur qui tombe amoureux, dans une petite ville de province, d'une institutrice qui fait du yoga. C'est improbable et joli, non ?

STÉPHANE AUDRAN. – Mon film préféré c'est sans doute *Le Boucher*. D'abord parce que le tournage a été très plaisant et puis j'ai eu pour ce film le Prix d'interprétation féminine au festival de New York.

JEAN YANNE. – Voilà l'histoire : Stéphane Audran (la comédienne qui joue la femme dont Yanne tombe amoureux dans ce film) et moi avons eu deux récompenses à ce festival. Mais, pour les Américains « Stéphane » est un prénom masculin et « Jean » un prénom féminin. Et comme ils ne nous connaissaient pas, ils ont donné le Prix d'interprétation masculine à Stéphane Audran et ils m'ont donné le Prix d'interprétation féminine.

Sur les tournages avec Chabrol, la bouffe, les repas prennent un temps considérable. Parfois Chabrol a tellement bu au déjeuner qu'il n'est plus capable de tourner l'après-midi et part se coucher.

Sur le tournage de *Nous ne vieillirons pas ensemble* l'affrontement Yanne/Pialat est violent.
Ces deux crocodiles sont trop bruts de décoffrage pour s'entendre. Néanmoins Pialat offre à Yanne un rôle admirable pour lequel il obtiendra le Prix d'interprétation masculine à Cannes en 1972.

YANNE NE JOUE PAS

Jean Yanne a été un très grand acteur. Mais il ne s'en est jamais caché, il ne peut interpréter que des rôles qui lui ressemblent d'une façon ou d'une autre. Paradoxe de ce comédien : il est à la fois un très bon interprète et, dans le même temps, il « fait du Yanne ».

«J'ai joué un garagiste de Quimper avec Chabrol. Mais je pourrais très bien être garagiste à Quimper. J'ai joué un boucher du Périgord, j'ai le physique pour faire un boucher du Périgord. J'ai joué un proxénète, j'ai tout à fait le physique d'un proxénète. Je pense que ça choquerait personne, à Pigalle, si j'avais des dames qui accomplissent quelques travaux d'aiguille pour moi.»

«Je ne peux pas jouer Schweitzer, saint Vincent-de-Paul ou Jésus. Par conséquent, je cherche simplement à être plausible. Quand on me demande: "Vous voulez jouer ce personnage?" je me dis: Est-ce que les gens dans la vie y croiraient? Est-ce qu'on croit que je peux être boucher? Oui, j'ai une tête à être boucher. J'ai des mains de boucher, je peux prendre un quartier de bœuf et le porter. Donc c'est plausible. Ça m'étonnerait qu'on puisse vraiment me prendre pour Chopin par exemple. J'aurais beaucoup de mal à jouer un romantique un peu poitrinaire, ayant des problèmes en jouant du clavecin... Alors là je dis non tout de suite. Autre exemple je ne pourrais pas faire l'Aiglon.»

« Jean Yanne est un acteur accidentel. Il est toujours dans des situations qui lui permettent d'être un peu Jean Yanne. »

Le réalisateur Gérard Pirès, à Radioscopie.

Marlène Jobert, partenaire de Yanne dans *Nous ne vieillirons pas ensemble* de Pialat. Ce couple qui se déchire est stupéfiant de justesse, d'émotion.

Nous ne vieillirons pas ensemble

Ce n'est pas un hasard si Yanne obtient un Prix d'interprétation à Cannes pour Nous ne vieillirons pas ensemble *de Maurice Pialat. Il y joue une sorte de « double du réalisateur ». Un type brutal en pleine rupture amoureuse douloureuse. Dans cette scène, il est dans une voiture à l'arrêt. À côté de lui, Marlène Jobert. Un magnifique, terrible monologue.*

« T'es trop petite et t'es trop moche. Alors mets-toi une bonne fois pour toutes dans la tête que tu dois trouver quelque chose d'intéressant, mais pas dans cette catégorie-là. T'as jamais rien réussi et tu réussiras jamais rien. C'est tout, et tu sais pourquoi ? Parce que tu es vulgaire, irrémédiablement vulgaire et non seulement t'es vulgaire, mais t'es ordinaire en plus. Toute ta vie, tu resteras une fille de concierge. Tu peux me regarder comme ça, ça change rien. Je pense que depuis que je te connais, j'ai rencontré des filles formidables, j'aurais mieux fait de rester avec elles. Je me demande vraiment pourquoi je suis avec toi. »

Un métier pas très viril

« Ce n'est pas un métier très viril. Il faut bien dire que se mettre du fond de teint, une perruque, se déguiser, dissimuler sa tonsure avec du crayon noir parce que la caméra est placée un peu haut, ça va bien quand on est très jeune. Les gens qui font du cinéma et qui se mettent en caleçon prennent des tartes à la crème... Imaginez quand ils rentrent à la maison et que leur fils de 14 ans leur présente son carnet de notes ! Je crois qu'ils ont du mal à lui dire : "Mon petit bonhomme, si tu veux réussir dans la vie, il ne faut pas faire le singe." »

Dans une émission spéciale Michel Sardou-Jean Yanne, entourés de Gainsbourg, Jane Birkin, Johnny, Yanne évoque sa mère. Yanne avait déjà réalisé plusieurs films, Tout le monde il est beau, tout le monde il est gentil, Chobizenesse. *Avec des dialogues de sa main...*

« Ma mère n'est pas très contente parce qu'elle me dit toujours : "Mais tu ne feras pas, un jour, un film où il n'y aura pas des gros mots tout le temps ? Y a toujours 'à chier, mon cul' tout ça." Ma mère, je crois qu'elle voudrait qu'on dise : "Zut, flûte", "Je montre mon derrière au monde entier". Enfin des choses comme ça. »

« Je ne me prends pas pour un comédien, d'ailleurs j'ai un petit peu honte... de faire ça. »

Radioscopie.

Pour Yanne, jouer la comédie
n'est vraiment pas grand-chose.
«Se maquiller, se déguiser pour dire
les mots des autres.
Un métier pas très viril.»

Pour Yanne, Cannes est une mascarade.
Tout le monde le sait, on va à Cannes pour jouer aux (coups de) boules.

CANNES : LA MASCARADE

« À Cannes, on le sait bien, il y a plus de coiffeurs que d'acteurs. »

Le grand guignol

1972, c'est l'année Cannes pour Jean Yanne. Volontiers sévère, limite provocateur, sur le Festival, on ne voit pourtant que lui cette année-là : il y présente son premier film Tout le monde il est beau, tout le monde il est gentil, *mais refuse de défendre son rôle dans le film de Pialat pour lequel il sera pourtant récompensé.*

« C'est guignol, c'est n'importe quoi, enfin on le sait bien. Il y a longtemps que le festival de Cannes vit sur une réputation bidon, tout le monde le dit. Tous les ans, je suis ici, à Cannes, simplement parce que j'ai un appartement en ville, et j'entends toujours dire : "Il n'y a rien d'intéressant, il n'y a rien de bien." Les seuls films intéressants, les gens les ont déjà vus en projection privée, avant le Festival. »

Au festival de Cannes en 1972, Yanne reçoit le Prix d'interprétation masculine pour *Nous ne vieillirons pas ensemble* de Maurice Pialat. Yanne refuse d'aller chercher son Prix d'interprétation et part en voyage en Israël avec sa compagne de l'époque, Nicole Calfan.

NICOLE CALFAN. – Un jour, on part dans le désert, il loue une voiture, je lui dis : « Mais dis donc, Jean, c'était pas hier le Prix d'interprétation à Cannes ? Qui est-ce qui l'a eu ? » Il conduisait comme ça, il avait le bras rougi, en dehors de la bagnole. Il ne répond pas. Alors je lui dis : « Mais dis-moi, qui est-ce qui l'a eu ce prix ? » « Ben c'est papa. »

Et il avait eu le Prix d'interprétation la veille, à Cannes.

« J'ai eu le Prix d'interprétation parce que pas une seule fois on m'a vu rigoler dans cette histoire tragique. »

France Inter.

DE LA NUIT
de
PADDY CHAYEFSKY
PRODUIT PAR
GEORGE JUSTIN
REALISATION
DELBERT MANN
JOHN TAYLOR & SON
ESTATE
AGENTS
18 64
JOHN TAYLOR

ALFREDO ALCON
GRACIELA BORGES
ENRIQUE FAVA
y Atahualpa Yupanqui
Sixto Pondal Rios
LUCAS DEMARE

Cannes-Écluse : le vrai festival

Yanne détestait le festival de Cannes, ses snobismes, ses pingouins qui montent les marches. Il parle « d'ignominie, de désastre ». Avec son alter ego Jacques Martin, voici un sketch génial. Il y a Jean-Claude Brialy, Michel Duchaussoy, Sim. L'alcool coule à flots. Un pastiche du festival de Cannes dans l'émission La Lorgnette.

Voix Off. – Le premier festival international de Cannes vient de débuter. Cannes tout le monde connaît, c'est à 60 kilomètres de Paris, sur la vicinale n° 7, c'est Cannes-Écluse, près de Moret-sur-Loing. Le festival de Cannes, qu'en pense d'abord la mairie ?

Stéphane Collaro. – Comment s'est passé, pour vous, le festival de Cannes cette année ?

Le premier adjoint au maire de Cannes-Écluse. – Mon cher Stéphane Collaro, on parle souvent du festival de Cannes sur la Côte d'Azur, c'est la raison pour laquelle nous avons décidé de créer, d'organiser cette année le premier festival de Cannes-Écluse.

(Images du port sinistre de Cannes-Écluse sous de gros nuages.)

Stéphane Collaro. – Il y a donc désormais deux festivals de Cannes. Celui de la Côte d'Azur et celui de Cannes-Écluse, beaucoup plus important maintenant.

Le premier adjoint. – D'après, évidemment, tous les artistes que l'on a pu voir dans les rues de Cannes, il est incontestable que c'est un festival qui a le même éclat que celui de Cannes sur la Côte d'Azur.

Voix Off. – Entourés de starlettes, les organisateurs du festival sont ravis. Voici l'arrivée des vedettes. Tout d'abord Jean Yanne.

Stéphane Collaro. – Jean Yanne, c'est une surprise, je ne vous attendais pas ici à Cannes. Alors je crois que vous êtes membre du jury au Festival ?

Jean Yanne. – Je suis membre du jury, je voudrais même être le président si c'était possible.

Stéphane Collaro. – Je pense qu'il n'y a aucun problème.

Voix Off. – Toutes les vedettes font leur arrivée au festival de Cannes : Eddy Barclay accompagné de Michel Duchaussoy, Jean-Claude Brialy. L'adorable Maria Pacôme…

(Tous autour d'un grand buffet à l'extérieur. Ils sont tous visiblement ivres.)

Jacques Martin. – Nous sommes dans la salle des délibérations du jury du festival de Cannes, et les présidents sont réunis pour attribuer les prix et les récompenses de ce festival. Silence la presse. Je vais passer immédiatement la parole au président Jean Lefebvre. Jean Lefèbvre, quel prix avez-vous attribué ?

Jean Lefèbvre. – Le Prix du grand comique international.

Jacques Martin. – À qui l'avez-vous attribué ?

Jean Lefèbvre. – À Jean Lefèbvre.

Maria Pacôme. – Il y a deux comédiennes en concurrence pour le Prix de la meilleure comédienne : Annie Girardot et Maria Pacôme. Et, en toute objectivité, si Girardot était là, elle piétinerait tout le monde pour avoir ce prix. Mais c'est à Maria Pacôme de l'avoir.

Jean-Claude Brialy. – Après délibération du jury, et ça a été très débattu, nous avons donné le Prix de la meilleure mise en scène internationale à un jeune réalisateur qui est plein de promesses, autant au théâtre, au cinéma que dans le music-hall. Le prix va à Jean-Claude Brialy. Présidente : Claudine Beccarie. Claudine Beccarie est une star mondiale du film érotique. Elle est très timide, c'est la vedette.

Claudine Beccarie. – Après délibérations, je me suis attribué le Prix de l'orifice catholique.

Michel Duchaussoy. – J'ai décidé, en accord avec ma conscience, d'attribuer à un acteur de talent le Prix de la meilleure interprétation, je l'ai décerné à Michel Duchaussoy.

(Le brouhaha est terrible. Jean Lefèbvre tient à peine debout. Jean Yanne en tient une belle.)

Jean Yanne. – Je me suis attribué le Prix du meilleur acteur, du meilleur scénariste, du meilleur producteur, du meilleur metteur en scène étranger, car je suis absolument étranger à cette profession. Complètement. Et je tiens à dire que je ne fais ça que pour l'argent et que mon prix est à la disposition de celui qui mettra le plus d'argent sur la table. Au nom du cinéma français, je suis vraiment heureux de participer à cette assemblée où il n'y a pas de métèques. Et pour le festival de Cannes, hip, hip, hip, hourrah !

Jean Yanne producteur aura pris tous les risques, tous les coups. Avec son associé Jean-Pierre Rassam, ils vont exploser en vol. Ils avaient plus le goût des fêtes que celui des chiffres.

PRODUCTEUR : GRANDEUR ET DÉCADENCE

Les producteurs les plus bêtes du monde

Jean Yanne va croiser le jeune Jean-Pierre Rassam. La rencontre est foudroyante, Rassam rêve d'inventer une nouvelle façon de produire. Travailler avec les plus grands : Godard, Ferreri. Leur donner tous les moyens pour que les créateurs aillent au bout de leurs folies. Avec Yanne, ils vont créer une société de production, Sine Qua Non. Yanne va enfin pouvoir écrire, produire et réaliser ses films. Fulgurance, rapidité, envie de dépoussiérer le monde du 7e art et de se croire quelques années les nouveaux boss du cinéma français. Avant de dégriser, brutalement.

« Des producteurs qui partent d'un scénario intelligent, ça n'existe pas. Ils partent de leur casting. Ils disent : "J'ai Untel disponible, alors on va lui proposer des trucs." Le premier truc choisi, on le tourne. Si Brigitte Bardot et Annie Girardot disaient demain "On veut tourner *Le Père Goriot*", on ne saurait pas qui ferait le père Goriot mais on le tournerait quand même. »

« Moi, j'ai un imprésario fabuleux, que j'aime beaucoup et que tout le monde connaît dans le métier... Un jour, il a fait engager Michel Simon à la place de Viviane Romance ! Ce qui prouve, quand même, que les producteurs s'intéressent davantage aux noms et aux combinaisons financières qu'au sujet. »

« Quiconque exerce ce métier stupide de producteur mérite tout ce qui lui arrive. »

Jean-Pierre Rassam.

Yanne, comme Jean-Pierre Rassam, est un producteur assez loufoque. Ils lisent à peine les scénarios, fonctionnent à l'envie. Leur pari : laisser les créateurs aller au bout de leur rêve. Un pari qui leur coûte vite très cher.

Ne plus avoir la trouille

«Il faut inventer un système, une liberté pour que les gens puissent faire les films qu'ils ont envie de faire. Et qu'ils ne soient pas toujours barrés par la trouille. Parce que, finalement, le principal problème en France, c'est la trouille. Mais la trouille, c'est pas seulement la trouille politique. Les types qui ne font pas de films n'en font pas seulement parce qu'ils ont la trouille de montrer des films de fesses, ou parce qu'on leur dit: "Il ne faut pas montrer un homme politique se comportant mal." Simplement, ils ont la trouille de lancer ce film. Un distributeur, vous lui apportez un sujet difficile dans n'importe quel domaine, un film poétique, un film romantique, il a toujours la trouille en France, tout le temps. Alors on se retranche derrière le goût du public et on dit: "Ah, mais un film comme ça, j'en ai fait un il y a trois ans et ça n'a pas marché." Moralité, le type qui a l'idée de faire un autre film va rester pendant dix ans sans faire de films. Maintenant on cite *Les Bidasses*. Moi, j'attaque pas *Les Bidasses*. Mais ça a fait 600000 entrées, alors il va y avoir 40, 50, 60 *Bidasses*. Jusqu'à ce que, un jour, un *Bidasses* ne fasse plus d'argent. Et, à ce moment-là, on ne fera plus du tout de *Bidasses*. C'est ça l'histoire.»

Jean-Pierre Rassam, le génial et borderline producteur, et Yanne vont produire La Grande Bouffe, Touche pas à la femme blanche *de Marco Ferreri. Mais aussi Godard, Bresson. Ils finiront ruinés. Yanne et lui devront déposer le bilan de leur société. Rassam se suicidera quelques années plus tard. Un beau livre,* Quiconque exerce ce métier stupide mérite tout ce qui lui arrive, *a été écrit par Christophe Donner.*

Le père Dassault

Dassault l'industriel, fabricant d'avions de chasse, ayant racheté une salle de cinéma sur les Champs-Élysées, a envie de se payer une danseuse. Yanne et Rassam sans état d'âme vont le voir pour lui proposer leur prochain film. Après plusieurs échecs, leurs caisses sont déjà bien vides. Dassault va coproduire le film écrit et réalisé par Yanne Les Chinois à Paris. *Le film sera un bide commercial.*

PHILIPPE BOUVARD. – Il y a quelque chose qui m'a beaucoup amusé, il y a quelques mois, c'est quand on a annoncé que M. Marcel Dassault, le milliardaire bien connu, devenait votre associé. Alors j'ai dit : « Ce Jean Yanne, il est impayable, encore un gag. » Et puis je me suis aperçu que c'était vrai. Alors qu'est-ce que vous pensez qui soit le plus drôle ? Le fait que vous soyez allé lui demander de l'argent ou qu'il vous en ait donné ?

JEAN YANNE. – Je ne suis pas allé lui demander de l'argent, je l'ai rencontré simplement parce qu'il avait acheté une salle sur les Champs-Élysées et qu'il voulait des films. Il avait vu mes deux premiers films, il m'a téléphoné et m'a dit : « Je voudrais votre film pour ma salle. » Alors on a parlé, il m'a demandé : « Mais comment est-ce qu'on devient producteur ? » Alors je lui ai expliqué. Il m'a dit : « Je peux le faire moi ? »

P.B. – Bref un producteur qui n'a pas d'argent *(Yanne et Rassam étaient à l'époque producteurs)* a demandé à Dassault qui a de l'argent de devenir producteur.

J.Y. – Ce qui est rigolo, c'est que ça doit être la première fois qu'un producteur ayant de l'argent fait un film. C'est un truc fantastique qui n'existe plus.

Jean Yanne n'est pas à un paradoxe près. Il se fout de l'argent qu'il flambe immédiatement en fêtes avec les copains. Mais il aura passé sa vie à courir après. «Quand j'ai froid, je n'ai pas d'idées», aime-t-il à dire.

"MOI Y'EN A VOULOIR DES SOUS"

Jean Yanne a toujours été paradoxal. Il cogne sur ce milieu qui ne pense qu'au fric. Lui-même ne se cachant pas de vouloir s'enrichir en faisant le producteur. Ils ont avec Jean-Pierre Rassam gagné beaucoup d'argent avec les premiers films de Yanne : Tout le monde il est beau, tout le monde il est gentil, Moi y'en a vouloir des sous.

– Pourquoi n'avez-vous pas suivi votre rêve de petit garçon ?

– Parce qu'on ne gagne pas assez de sous.

– L'argent ça a beaucoup d'importance pour vous ?

– Oui, beaucoup.

– Qu'est-ce que vous en faites, vous le dépensez comment ?

– Je le dépense n'importe comment, d'une façon généralement inconsidérée et relativement généreuse.

– Mais la seule justification de cette société que vous n'aimez pas pour vous, c'est justement d'avoir de l'argent.

– C'est pas la justification, c'est le moyen de survie.

– Autrement dit, vous aimez protester, contester et être dans les minorités, à condition d'être nanti et d'avoir une assurance ?

– D'abord je n'aime pas être dans les minorités…

– Les contestataires le sont, dans les minorités…

– Je suis dans les minorités par force parce que mes idées ne sont pas partagées par la majorité. Cela dit, nanti ? Quand j'avais 18 ans, j'étais au Centre de formation des journalistes et puis je travaillais dans la journée. Il y avait des types qui étaient dans l'école et qui n'avaient pas 200 balles pour acheter un sandwich et un café. Moi, ça m'était totalement intolérable !

– Mais, actuellement, votre goût du risque il va jusqu'où alors ?

– Ben, mon goût du risque il ne va nulle part et partout…

– Mais sans danger…

– Mais même avec danger. Je vous dis que je continuerai à avoir des sous, c'est-à-dire que si je n'ai plus d'argent dans le spectacle, je veux bien devenir mercenaire, moi je m'en fous !

«Ah, ce que j'aime l'argent»

Chanson chantée par Ginette Garcin

Avant de rejoindre Morphée
Le soir quand le sommeil me manque
Au lieu de vieux contes de fées
Moi je rêve à des comptes en banque
Car moi j'aime, j'aime, j'aime l'argent
Qui résout toujours tout, je l'avoue,
Qui résout toujours tous les problèmes urgents.

Allons, cher monsieur, ne tergiversons pas,
Si sincèrement vous voulez me plaire
Parlez-moi d'amour avec un grand A
Avec un grand A comme dans affaires
L'argent c'est mon vice et c'est votre fief
La situation me semble opportune
Pour faire des folies avec un grand F
Avec un grand F comme dans fortune.

Martin s'est souvent pris des critiques violentes dans la figure. Sans en être (en apparence) plus affecté que cela. Il sait comment fonctionne Paris : renvois d'ascenseur, copinages, coucheries, cadeaux…

Les critiques

Que ce soit à la radio, à la télévision et au cinéma, Yanne va régulièrement se faire étriller par la critique. On le traitera de « valet du pouvoir », de « comique troupier », de « réalisateur aussi nul que son humour ». S'il est populaire, c'est grâce au soutien du public, pas de la critique. Ni à Cannes ni dans les dîners parisiens il n'a « joué le jeu ». Il l'a payé. Dans l'émission Samedi soir *(mars 1973), il dialogue avec Philippe Bouvard.*

PHILIPPE BOUVARD. – Un critique de télévision est par définition un monsieur qui opère chez lui, dans un confort familial assez douillet, qui est évidemment séparé du reste du monde. Auquel les invités ne parlent pas. Donc aujourd'hui, pour accueillir le critique de service, nous avons essayé de reproduire les conditions du climat familial.

(Un confortable décor de salon a été aménagé sur le plateau de l'émission.)

P.B. – Bonjour, monsieur, puis-je vous demander votre nom et le journal que vous représentez ?

JEAN YANNE. – Je m'appelle Démagogue

– Et vous travaillez pour quel journal ?

– Au pied levé.

– *Au pied levé.* Eh bien, vous pouvez le reposer. Vous êtes bien installé ? Je ne sais pas quel est le style de votre appartement ?

– C'est mieux.

– Ah, c'est mieux. Bon, je vais tout de même vous donner une petite couverture. Puis-je vous donner des pantoufles ? Et voici votre « tisane » habituelle. *(Il lui sert un verre de whisky.)*

Dans ce sketch, Martin et Yanne se moquent d'une critique facile à « acheter », au sens propre et figuré.

Il suffit d'y mettre le prix

Sketch de Jean Yanne et de Jacques Martin où il jouent deux producteurs de télévision ayant mis au point l'émission devant plaire à tout le monde. Ils savent comment s'attacher le public le plus large, mais aussi les critiques.

JEAN YANNE. – Nous sommes certains que nous aurons l'unanimité de la critique.

JACQUES MARTIN. – L'unanimité de la critique ? Tu es sûr ?

J.Y. – Oui l'unanimité des critiques, c'est certain. D'ailleurs, si tu veux jeter un coup d'œil à mon carnet de chèques...

J.M. – Ah, tu l'as fait, ah... Ha, ha ! *France-Soir*, *Le Figaro*, *L'Humanité*, t'as oublié personne, *Télé Magazine*... Effectivement, alors ça ira !

J.Y. – C'est très bien, nous avons donc la critique. Alors ce qu'il faut dire aussi, c'est que pour que ça vous plaise vraiment...

J.M. – Soyez persuadés que nous irons jusqu'au bout pour vous faire rire...

J.Y. – Et que nous ferons n'importe quoi.

« Critique de télévision, ce n'est pas une profession très dangereuse. Surtout pour ceux qui la pratiquent, car ça ne les fatigue pas trop. »

Du *Figaro* à *L'Humanité*

Dialogue entre Gérard Sire et Jean Yanne dans l'émission Samedi soir, *à l'occasion de la sortie d'un de leurs films.*

JEAN YANNE. – Il y a quinze jours, nous avons écrit, à notre usage personnel, sur des bouts de papier qu'on a mis dans des enveloppes, les critiques supposées de tous les journaux sur notre dernier film. Eh bien, on ne s'est pas tellement trompé. Simplement ce qu'on avait prévu pour *L'Humanité*, c'est *Le Figaro* qui l'a dit. Peut-être que les critiques ont changé de journal entre-temps.

GÉRARD SIRE. – D'ailleurs, c'est peut-être la dernière fois que nous venons sur ce plateau, parce que tout aussi bien, après cet autre film que nous préparons, nous serons peut-être ministres, alors nous n'aurons peut-être plus le droit de venir ici, donc profitez-en !

J.Y. – Ce qu'il faut voir c'est aussi qui sont ces gens. Qui sont les critiques ? Le pauvre Chapier *(critique fameux)*, le malheureux, il a fait un film, *Amore*, sur les pigeons à Venise. C'est un film débile. Alors il est normal qu'on ne soit pas d'accord. On ne peut pas penser de la même façon.

« J'aime beaucoup écrire des articles sur moi-même. Ça me change de toutes les bêtises qui sont écrites sur moi quand ce n'est pas moi qui les écris. Il faut dire que tous ceux qui écrivent des articles sur moi sont évidemment moins au courant que moi des choses qui me concernent. Et même si certains sont au courant des choses qui me concernent, ils ne connaissent ces choses que parce que je les ai mis moi-même au courant. Mais, forcément, même très au courant des choses qui me concernent, ils ne peuvent pas être aussi concernés que moi. Donc, ils écrivent sur moi, mais moins bien que moi. Moi, je peux écrire sur moi pendant des heures. » *L'Événement du jeudi*, 2 mai 1985.

POSTFACE

La dernière image que j'ai de lui est aussi mon premier souvenir : un homme heureux. Lui qui ne m'attendait pas m'a accueilli les bras ballants de bonheur et le cœur ouvert, comme si le messie d'un coup débarquait dans sa vie. Quand le trépas lui intima de lâcher la rampe, il s'en alla sans rechigner. Le pébroc plié, il rejoignit ses appartements de marbre au carré des allongés. Aux Lilas. Là, au pays de son enfance.

Lui qui est parti avant que je n'entame ma révolte adolescente est toujours là. Je le sais. Je le sens. Oui, toujours là et bien là. À veiller au grain en papa poule charismatique et roi de la basse-cour. Aussi loin que porte l'écho de ma mémoire, je me souviens de lui. Je me souviens de tout. Je me rappelle ces petits riens qui, mine de rien, jouent leur va-tout quotidien, ces petits riens qui font un tout et qui font tout. Au rayon des mémorables parenthèses, je me souviens de tout. Je me souviens de lui... Lui, c'est mon père : Jean Yanne.

Artisan des arts et artiste accompli, il a gravi les marches de la gloire. Une gloire dont il jouissait avec modestie et reconnaissance. Une reconnaissance populaire qui était pour lui le seul trophée qui vaille. C'est désormais au Panthéon des éternels qu'on le trouve. Éternel et intemporel.

Il aimait traîner ses guêtres dans les tripots de la pensée humaine, tremper le dard de son humour gaillard dans le fiel de la connerie. Il en faisait du miel, pour le rire et le meilleur. Ses pensées étaient incisives, adroites, jamais vulgaires. Il brocardait les tricards et les renvoyait sans appel au bac à sable de leur médiocrité. Il dégainait juste, avec une facilité déconcertante et une habileté réjouissante. Ses dégagements étaient de gourmandes gaudrioles, pour dénoncer et marquer à la culotte les extravagances des uns et les balourdises des autres. Toujours plein d'humanité, il observait la société qu'il appréhendait comme une source. Il y puisait sans relâche pour créer et composer son répertoire. C'était la force de son talent. Il aimait les mots, en jouait et en inventait de nouveaux. Je m'émerveillais ainsi de voir « six gares de là à Vannes ». Son vocabulaire était riche, sans détour ou imagé. Bilingue avec sa pratique de la langue verte, il désaltérait mon chaste apprentissage du français de l'école républicaine, quand il me parlait d'un zigoteau croisé chez le père Untel dont la charrette était nazebroque. Au resto, pareil. Il faisait marrer tout le (beau) monde qu'il trouvait forcément gentil et n'hésitait pas à dessiner sur la nappe, en recommandant des huîtres des Abers. Il m'assurait qu'on y trouvait des perles bretonnes. Ah, la Bretagne, une terre qui lui était chère, où demeure un poète et ami le plus proche et le plus fidèle de mon pater, mon parrain Gilles Durieux. Je le salue et le remercie d'avoir un jour permis la rencontre entre Christianne Fugger et Jean Yanne. Une autre histoire, mais qui autorisa le lever de rideau de ma vie...

Mon père ce héros était un homme généreux, un vrai et pour de vrai, qui aimait ses contemporains. Voilà tout. Son apparence malicieusement bougonne était son habit de scène. Dans l'intimité, il était presque son contraire. Mais il fallait veiller à ne pas taquiner la chatouille là où rien ne le démangeait. Il renvoyait alors l'indigent battre la breloque avec les ardeurs jamais méchantes du bulldog de Tom et Jerry.

C'est tout cela que l'on trouve dans cet ouvrage. Il est un condensé pur jus du Jean Yanne que l'on connaît et redécouvre. Le recueil regorge de textes inédits, de sketchs rares, écrits pour la radio et la télévision, parfois même jamais diffusés. Ils sont scandaleusement drôles et merveilleusement actuels. Comme si rien n'avait jamais changé. Sans doute parce qu'on a tous quelque chose en nous de Yanne.

Jean-Christophe Yanne

Crédits photos

p. 15-17 Photo Miche Lioret © Ina, 1969
p. 18 Capture d'écran « Un égal trois » © Ina, 1964
p. 20 Photo Robert Siegler © Ina, 1967
p. 23 Photo Jean-Pierre Loth © Ina, 1972
p. 24-25 Photo Jean-Claude Pierdet © Ina, 1960
p. 26-27 Photo Dominique Gonot © Ina, 1964
p. 29 Photo Dominique Gonot © Ina, 1964
p. 30-31 Photo Dominique Gonot © Ina, 1964
p. 34-35 Photo Georges Galmiche © Ina, 1965
p. 38 Photo Philippe Bataillon © Ina, 1961
p. 40 Photo Claude James © Ina, 1964
p. 41 Photo Daniel Fallot © Ina, 1963
p. 43 Photo Robert Siegler © Ina, 1964
p. 44 Photo Claude James © Ina, 1964
p. 44-45 Photo Jean Adda © Ina, 1964
p. 45 Photo Alain Liennard © Ina, 1967
p. 46-47 Photo Louis Joyeux © Ina, 1969
p. 48-49 Photo Jean Adda © Ina, 1964
p. 50 *haut* Photo Albert Courand © Ina, 1958;
bas Photo Albert Courand © Ina, 1967
p. 52-53 Photo Jean-Claude Pierdet © Ina, 1970
p. 55 Photo Georges Galmiche © Ina, 1967
p. 56-57 Photo Georges Galmiche © Ina, 1967
p. 58-59 Photo Jacques Chevry © Ina, 1969
p. 60-61 Photo Michel Lioret © Ina, 1969
p. 64 Photo Aimé Dartus © Ina, 1968
p. 66-67 Photo Georges Hernad © Ina, 1968
p. 69 *haut* Photo Georges Hernad © Ina, 1968;
milieu Photo Georges Hernad © Ina, 1968;
bas Photo Aimé Dartus © Ina, 1968
p. 70 Photo Paul Harle © Ina, 1968
p. 71 Photo Jean-Claude Pierdet © Ina, 1970
p. 74-75 Photo Aimé Dartus © Ina, 1968
p. 77 Photo Michel Lioret © Ina, 1969
p. 78 Photo Georges Galmiche © Ina, 1965
p. 79 Photo Bernard Allemane © Ina, 1966
p. 81 Photo Daniel Fallot © Ina, 1962
p. 82 Photo Georges Hernad © Ina, 1969
p. 84 Photo Dominique Gonot © Ina, 1972
p. 87 Photo Jean-Pierre Leteuil © Ina, 1973
p. 88 Photos Georges Hernad © Ina, 1969
p. 89 Photo Albert Courand © Ina, 1964
p. 90 Photo Albert Courand © Ina, 1964
p. 93 Photo Jacques Anjubault © Ina, 1958
p. 94 Photo Paul Harle © Ina, 1968
p. 97 Photo Georges Galmiche © Ina, 1967
p. 98-99 Photo Georges Galmiche © Ina, 1967
p. 100 Photo Daniel Fallot © Ina, 1958
p. 102 Photo Jean-Claude Mallinjod © Ina, 1964
p. 103 Photo Claude James © Ina, 1964
p. 106-107 Photo Georges Galmiche © Ina, 1967
p. 108 Photo Frédéric Simon © Ina, 1961
p. 109 Photo Georges Galmiche © Ina, 1967
p. 111 Photo Guy Breemat © Ina, 1962
p. 113 Photo Claude James © Ina, 1963
p. 114-115 Photo Georges Galmiche © Ina, 1968
p. 116-117 Photo Georges Hernad © Ina, 1966
p. 120 Photo Albert Courand © Ina, 1963
p. 121 Photo Jean-Claude Pierdet © Ina, 1970
p. 124-125 Photo Albert Courand © Ina, 1964
p. 127 Photo Georges Hernad © Ina, 1969
p. 128 Photo Albert Courand © Ina, 1966
p. 129 Photo Albert Courand © Ina, 1966
p. 130 Photo Jean-Claude Mallinjod © Ina, 1969
p. 131 Photo Daniel Fallot © Ina, 1963
p. 132 Photo Georges Galmiche © Ina, 1967
p. 133 Photo Georges Hernad © Ina, 1967
p. 134 Photo Jean-Claude Pierdet © Ina, 1967
p. 135 Photo Jacques Chevry © Ina, 1969
p. 138 Photo Bernard Pascucci © Ina, 1967

p. 140-141 Photo Paul Harle © Ina, 1968
p. 142 Photo Philippe Bataillon © Ina, 1959
p. 144 Photo Louis Joyeux © Ina, 1950
p. 147 Photo Albert Courand © Ina, 1967
p. 148 Photo Jean-Claude Pierdet © Ina, 1960
p. 150-151 Photo Albert Courand © Ina, 1963
p. 152 Photos Albert Courand © Ina, 1963
p. 155 Photo Albert Courand © Ina, 1966
p. 156-157 Photo Philippe Bataillon © Ina, 1960
p. 158 *bas* Photo Roger Picard © Ina, 1974 ;
haut photo Georges Galmiche © Ina, 1971 ;
milieu Photo Georges Hernad © Ina, 1969
p. 159 Photo Josée Lorenzo © Ina, 1970
p. 162 Photo Georges Galmiche © Ina, 1969
p. 163 Photo Claude James © Ina, 1969
p. 164 Photo Louis Joyeux © Ina, 1968
p. 165 Photo Philippe Bataillon © Ina, 1961
p. 168 Photo Jean-Claude Mallinjod © Ina, 1969
p. 169 Photo Roger Picard © Ina, 1972
p. 170 *gauche* Photo Jean Adda © Ina, 1967 ;
droite Photo Albert Courand © Ina, 1964
p. 171 Photo Jean-Claude Pierdet © Ina, 1967
p. 172 Photo Jean-Claude Mallinjod © Ina, 1967
p. 172-173 Photo Georges Hernard © Ina, 1969
p. 173 Photo Georges Galmiche © Ina, 1971
p. 174 Photo Louis Joyeux © Ina, 1968
p. 176 Photo Claude James © Ina, 1964
p. 178 Photo Claude James © Ina, 1969
p. 179 Photo Claude James © Ina, 1969
p. 180-181 Photo Claude James © Ina, 1969
p. 184 Photo Jean-Claude Mallinjod © Ina, 1969
p. 186 Photo Robert Siegler © Ina, 1964
p. 187 Photo Bernard Allemane © Ina, 1964
p. 189 Photo Bernard Allemane © Ina, 1964
p. 190 Photo Roger Picard © Ina, 1974

p. 192 Photo Roger Picard © Ina, 1972
p. 194 Photos Norbert Perrau © Ina, 1965
p. 195 Photo Guy Breemat © Ina 1964
p. 197 Photo Jean Adda © Ina, 1964
p. 199 Photo Bernard Allemane © Ina, 1964
p. 201 Photo Bernard Allemane © Ina1964
p. 202 Photo Jean-Claude Pierdet © Ina, 1970
p. 203 Photo Bernard Allemane © Ina, 1967
p. 208 Photo Claude James © Ina, 1964
p. 209 Photo Jean Adda © Ina, 1967
p. 211 *haut* Photo Georges Hernad © Ina, 1969 ;
bas Photo Jean Adda © Ina, 1964
p. 212 Photo Claude James © Ina, 1964
p. 215 Photo Claude James © Ina, 1964
p. 216 Photo Jean Adda © Ina, 1964
p. 217 Photo Georges Galmiche © Ina, 1973
p. 218-219 Photo Lazlo Ruszka © Ina, 1973
p. 221 *haut* Photo Bernard Pascucci © Ina, 1964 ;
bas Photo Jean-Pierre Loth © Ina, 1970
p. 222 Photo Bernard Pascucci © Ina, 1964
p. 224-225 Photo Louis Joyeux © Ina, 1969
p. 226 Photo Georges Galmiche © Ina, 1969
p. 228-229 Photo Josée Lorenzo © Ina, 1970
p. 230-231 Photo Robert Picard © Ina, 1975
p. 233 Photo Georges Hernad © Ina, 1969
p. 234-235 Photo Louis Joyeux © Ina, 1968
p. 236 Photo Daniel Fallot © Ina, 1963
p. 238-239 Photo Daniel Fallot © Ina, 1959
p. 240-241 Photo Georges Galmiche © Ina, 1967
p. 244 Photo Claude James © Ina, 1963
p. 246-247 Photo Michel Lioret © Ina, 1969
p. 250 Photo Jacques Chevry © Ina, 1969
p. 253 Photo Jean-Claude Pierdet © Ina, 1964
p. 254 Photo Georges Hernad © Ina, 1967
p. 259 Photo Jean Adda © Ina, 1967

Remerciements

Nathalie Fiszman, Olivier Bétourné, Muriel Brami-Ben Hamou,
Brigitte Demaria, Christine Bernadet, Laurent Vallet, Anne Genevaux,
Pauline Favier Henin, Jonathan Curiel, Francoise Bernadet,
Virginie Perrollaz-Trousselard, Sandrine Sarroche, Elsa Mane,
Jean-Christophe Yanne, Bertrand Dicale, Gilles Durieux, Christophe Donner,
Isabelle Simeoni, Golda Sellam, Vincent Encontre, Marion Tixier,
les équipes de Ciao Bella Production.

Direction artistique et réalisation : Virginie Perrollaz-Trousselard
Photogravure : IGS
Achevé d'imprimer en avril 2016 sur les presses de Pollina en France - L76274
Dépôt légal : mai 2016. N° 131893